Baedeker

BASEL

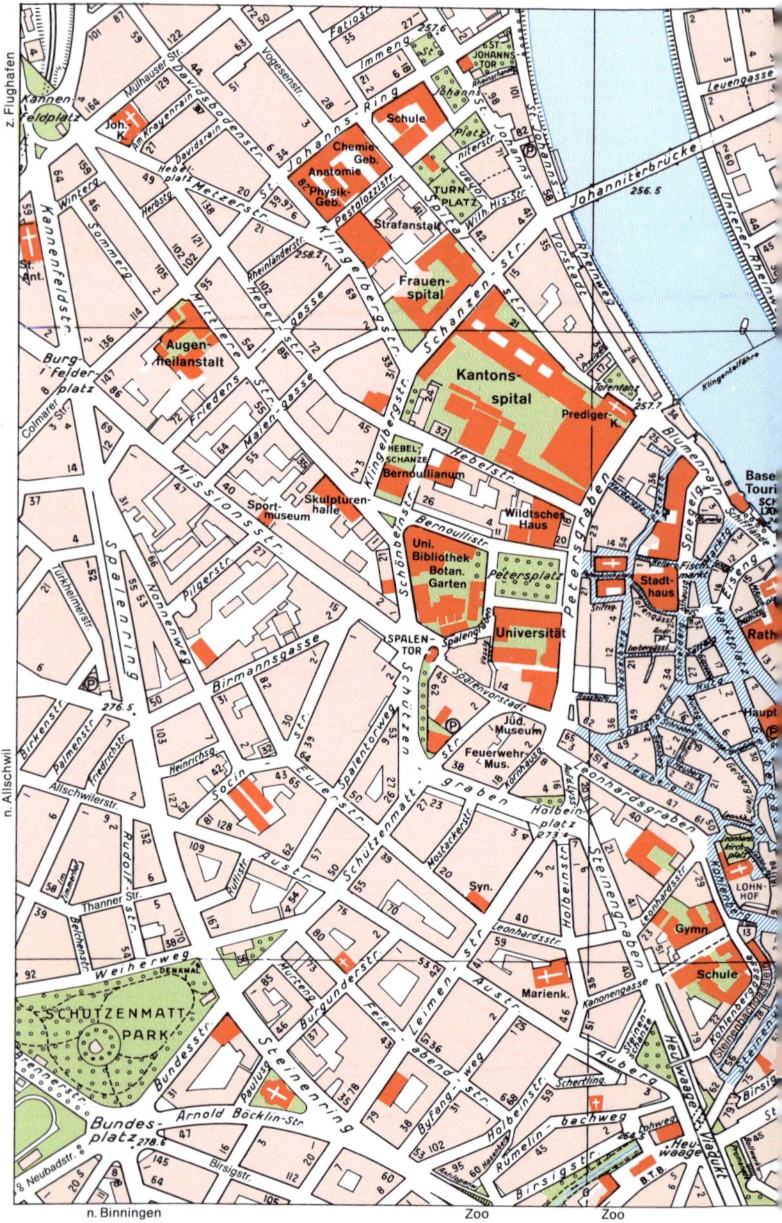
z. Flughafen
n. Allschwil
n. Binningen
Zoo
Zoo
Kannenfeldplatz
Kannenfeldstr.
Joh. K.
St. Ant.
Mülhauser Str.
Davidsbodenstr.
Am Krayenrain
Davidsrain
Hebelplatz
Metzerstr.
Winterg.
Sommerg.
Herbstg.
Vogesenstr.
St. Johanns-Ring
Chemie-Geb.
Anatomie
Physik-Geb.
Pestalozzistr.
Schule
Fatiostr.
Immeng.
St. Johanns-Tor
Johanns-Platz
Turnplatz
Wilh. His-Str.
Spitalstr.
St. Johanns-Vorstadt
Johanniterbrücke
Unterer Rheinweg
Leuengasse
Rheinweg
Strafanstalt
Frauenspital
Klingelbergstr.
Rheinländerstr.
Hebelgasse
Schanzenstr.
Mittlere Str.
Augenheilanstalt
Burgfelderplatz
Colmarer Str.
Friedensg.
Maiengasse
Kantonsspital
Prediger-K.
Totentanz
Klingentalfähre
Hebelstr.
Hebelschanze
Bernoullianum
Missionsstr.
Sportmuseum
Skulpturenhalle
Schönbeinstr.
Bernoullistr.
Wildtsches Haus
Uni. Bibliothek
Botan. Garten
Petersplatz
Petersgraben
Blumenrain
Stadthaus
Marktplatz
Eiseng.
Spiegelg.
Universität
Spalentor
Spalengraben
Spalenvorstadt
Jüd. Museum
Feuerwehr-Mus.
Kornhausg.
Pilgerstr.
Nonnenweg
Spalenring
Türkheimerstr.
Birmannsgasse
Schützengraben
Spalentorweg
Eulerstr.
Socinstr.
Heinrichsg.
Birkenstr.
Palmenstr.
Friedrichstr.
Allschwilerstr.
Rudolfstr.
Thanner Str.
Im Zimmerhof
Beichenstr.
Austr.
Schützenmattstr.
Holbeinplatz
Leonhardsgraben
Leonhardsstr.
Steinengraben
Holbeinstr.
Mostackerstr.
Syn.
Lohnhof
Gymn.
Schule
Marienk.
Kanonengasse
Kohlenberg
Steinenbachgässlein
Weiherweg
Denkmal
Schützenmattpark
Burgunderstr.
Murteng.
Feierabendstr.
Leimenstr.
Bundesstr.
Pauluskirche
Steinenring
Arnold Böcklin-Str.
Bundesplatz
Neubadstr.
Birsigstr.
Byfangweg
Holbeinstr.
Rümelinbachweg
Schertling.
Auberg
Steinenschanze
Heuwaage
Heuwaage-Viadukt
Birsigstr.
Kohlenweg
B.T.B.
Hasenberg
Antilopenw.

afen
Bad Bhf.
n. Riehen
n. Grenzach
n. Birsfelden
Bahnhof SBB
Arlesheim Muttenz
Fußgängerzone
Matthäusstr.
Matth. K.
Feldbergstrasse
Müllheimer Str.
Haltingerstrasse
Klybeckstr.
Claragraben
Sperrstrasse
Riehenring
Musterhesse
Isteinerstr.
Bleichestr.
Mattenstrasse
Riehenteichstr.
Sandgrubenstr.
Rosentalstrasse
Riehenstr.
Messeplatz
ROSENTAL-ANLAGE
Allgem. Gewerbeschule
Klingentalstr.
CLARA-MATTE
Drahtzugstr.
Brantgasse
Clarastr.
Basler Halle
Riehenring
SPORTPLATZ LANDHOF
Vogelsangstr.
Schleifenbergstr.
Kasernenstr.
Rappoltshof
Untere Rebgasse
Webergasse
Ochsengasse
Claraplatz
St. Clara
B.V.B.
Clarahofweg
Hammerstrasse
Schule
Greifengasse
Utengasse
Rebgasse
Riehenstr.
Klingnau
Rheinfelderstr.
Turnerstr.
Wettsteinallee
Peter Rot-Str.
Rührbergerstr.
Chrischonastr.
Arbeitsamt
Rheingasse
Oberer Rheinweg
Lindenberg
Riehentorstr.
Kartausgasse
Kirchgasse
Theod. Kirchpl.
Wettsteinplatz
Waisenhaus
Wettsteinstr.
THEODORSGRABEN ANLAGE
Theodorsgraben
Grenzacher Str.
Römergasse
Burgweg
Fischerweg
Alemannengasse
Kinderspital
Schaffhauserrheinweg
Rhein
Münsterfähre
Wettsteinbrücke
St. Alban-Fähre
Pfalz
Münster
Münsterplatz
Hum. Gymn.
Bau-Dep.
Gericht
Rittergasse
Bäumleingasse
Antiken-Mus.
St. Alban-Graben
Kunst-Mus.
St. Alban-Rheinweg
Mühlenberg
St. Alban-Vorstadt
St. Alban
St. Alban-Kirchrain
St. Alban-Tal
Mühlegraben
Beim Letziturm
St. Alban-Berg
ST. ALBAN-TOR
Zürcher Str.
Kunsthalle
Picassoplatz
Lautengartenstr.
Malzgasse
St. Elis. K.
Elisabethenstr.
Henric Petri-Str.
Aeschenvorstadt
Brunngässlein
Dufourstr.
St. Alban-Anlage
Hardstr.
Lindenweg
Rennweg
Kirschg. Mus.
Sternengasse
Hirschgässlein
Aeschenplatz
Aeschengraben
St.-Jakob-Str.
Real-Gymn.
Sevogelplatz
Wettsteinallee

Schneidergasse 12, Totentanz 5, macht gute Pâtisserie. – *Schmiedenhof,* Rümelinsplatz 6, liegt in einem der schönsten Innenhöfe der Stadt.

Campingplatz

Waldhort in Reinach an der Straße nach Delsberg, Tel. 7 11 64 29, geöffnet von April bis Oktober.

Einkaufen

Geschäfte findet man vor allem in der Innenstadt zwischen Aeschenplatz, Heuwaage, Spalenberg, Marktplatz und Schifflände und in Kleinbasel rund um den Claraplatz und in der Clarastraße. Beliebte Mitbringsel sind "süße" kulinarische Basler Spezialitäten.

Läckerli-Huus, Gerbergasse 57 und Greifengasse 2, verkauft echte Basler Läckerli in originellen Verpackungen und andere Basler Süßigkeiten nach alten Rezepten.

Brändli, Barfüßerplatz 20 und Freie Str. 109, stellt nur Pralinés, Schokoladenmandeln und – als berühmteste Leckerei – Konfekt (Biscuits mit mehr Schokolade als Teig) her.

Zoller-Brothuus, Hutgasse 4 und Rosentalstr. 68, Brote in über 60 Sorten.

Holzofenbäckerei Bio Andreas, Andreasplatz 14.

Confiserie Gilgen, Spalenberg 6, auf Croissants, Sachertorte und Früchtewähen (gefüllte Kuchen) spezialisiert.

Käs-Glauser, Spalenberg 16, riesige Käseauswahl.

Confiserie Beschle, Holbeinstr. 49 und Aeschenvorstadt 56, ihr Pariserring und Gâteau St.-Honoré sind einen Umweg wert.

Essen und Trinken

Kulinarische Basler Spezialitäten sind rar: Zur Fasnachtszeit gibt es *Mehlsuppe* sowie *Käse- und Zwiebelwähen* (gefüllte Kuchen), die in den Restaurants am "Morgestraich" (→ S. 31) serviert werden und das ganze Jahr über in den Bäckereien zu haben sind. In der Fastenzeit ißt man *Fastenwähen,* ein brötchenähnliches, mit Kümmel bestreutes Kleingebäck, an Ostern *Osterflädli,* ein rundes, mit süßer Füllung versehenes Gebäck. Die Basler Küche ist international ausgerichtet, wobei neben Schweizer Einflüssen vor allem die Nähe zu Frankreich und Deutschland die Speisekarte bereichert.

Rösti, sehr dünn geraffelte Kartoffeln, werden oft mit Speck und Spiegeleiern angerichtet. *Klöpfersalat* ist ein aus saftiger Cervelatwurst zubereiteter Salat. In den Monaten Mai und Juni liefert die badische und elsässische Rheinebene *Spargel. Choucroute garnie* (Sauerkraut mit Räucherspeck, Würsten und geräucherten Schweinerippen) ist ein deftiges, aus dem Elsaß stammendes Gericht, das auch in Basel zu haben ist. Das früher sehr häufige

Fischgericht *Lachs à la Bâloise* kann heute allenfalls noch mit irischem oder kanadischem Lachs bereitet werden. *Käse* spielt auf dem Speisezettel wegen des reichen Schweizer Angebotes eine besondere Rolle. Die bekanntesten Sorten sind Emmentaler, Gruyère (Greyerzer) und Vacherin, ein feiner Sahnekäse (leider nur von November bis Februar erhältlich). *Fondue* (von französisch fondre = schmelzen) ist das bekannteste Käsegericht und stammt aus der französischen Schweiz. Hierfür wird grob geriebener Käse (die Mischung der Sorten und ihre Proportionen spielen eine wichtige Rolle für das Endresultat) unter Zugabe von Weißwein geschmolzen und mit Kirschwasser und Gewürz abgeschmeckt. Man ißt diese kräftige cremeartige Speise aus gemeinsamer Schüssel, in die mit langen Gabeln Weißbrotstücke getaucht werden. – Eine aus dem Elsaß übernommene Spezialität ist der Gugelhupf, der, weil schwach gesüßt und manchmal mit Speck angereichert, auch zum Wein genossen wird. Am bekanntesten aber sind die lebkuchenartigen *Basler Läckerli.*

Weine: Die in Basel angebotenen Weißweine stammen aus der französischen Schweiz, aus Baden und dem Elsaß. Rote Landweine gibt es aus der Basler Umgebung (Blauburgunder). Die badischen Weine sind wegen des Zusatzes von pasteurisiertem Traubensaft häufig süßer als die aus dem Elsaß.

Bier: Bier braut in (Klein-) Basel die kleine Brauerei "Fischerstube" in der Rheingasse, die zugleich ein eigenes Restaurant unterhält und im Gundeldinger Quartier die Brauerei "Unser Bier".

Fahrrad

Im Basler Zentrum und in den Randzonen gibt es markierte Fahrradrouten, die laufend erweitert werden. Karten sind in Buchhandlungen erhältlich. Fahrräder, die hier Velos genannt werden, können bei einigen privaten Händlern und von 7–21 Uhr beim Bahnhof SBB gemietet werden.

Flughafen und Flugreise

Der Internationale Flughafen Basel-Mulhouse-Freiburg auf französischem Boden liegt etwa 4 km nördlich der Stadt (Zollfreistraße); Auskunft Tel. 3 25 25 11. Die Autobuslinie 50 verkehrt ab Kannenfeldplatz (im Tarifverbund), ab Bahnhof SBB von Mo–Fr alle 20 Min., Sa und So sowie feiertags alle 30 Min.

Fundbüro

Basler Verkehrsbetriebe BVB und *Städtisches Fundbüro,* St.-Johanns-Vorstadt 51, Tel. 2 67 70 34. – Bahnhof SBB, Tel. 05 12 29 24 67.

Galerien (Auswahl)
Beyeler, Bäumleingasse 9; *Daniel Blaise Thorens,* Fine Art Gallery, Aeschenvorstadt 15; *Hilt,* St.-Alban-Vorstadt 52; *Littman,* Spalentorweg 13; *Photo Art,* St.-Alban-Vorstadt 10; *Paul Lüdin,* Kunsthandel, Riehenstr. 6; *Stampa,* Spalenberg 2; *Carzaniga und Ueker,* Gemsberg 8.

Hotels
Die etwa 40 Hotels mit rd. 4000 Betten bieten für jeden Geldbeutel eine Übernachtungsmöglichkeit. Die angegebenen Preise gelten für ein Einbettzimmer mit Bad oder Dusche. *Hotel*[1] über 200 Fr., *Hotel*[2] 150–200 Fr., *Hotel*[3] unter 100–150 Fr. (In Klammern steht die Postleitzahl.)

Basel[1], Münzgasse 12 (4051), Tel. 2 64 68 00, 88 B. – *Basel Hilton*[1], Aeschengraben 31 (4002), Tel. 2 75 66 00, 380 B. – *Drei Könige am Rhein*[1], Blumenrain 8 (4001), Tel. 2 60 50 50, 144 B. – *Euler*[1], Centralbahnplatz 14 (4051), Tel. 2 75 80 00, 90 B. – *Radisson SAS*[1], Steinentorstr. 25 (4001), Tel. 2 27 27 27, 270 B. – *Swissôtel*[1], Messeplatz 25 (4021), Tel. 6 90 33 33, 460 B.

Alexander[2], Riehenring 85 (4058), Tel. 6 85 70 00, 95 B. – *Basilisk*[2], Klingentalstr. 1 (4005), Tel. 6 86 96 66, 97 B. – *Central*[2], Küchengasse 7 (4002), Tel. 2 75 85 00, 33 B. – *Drachen*[2], Aeschenvorstadt 24 (4010), Tel. 2 72 90 90, 67 B. – *Euro Century 2000*[2], Reiterstr. 1 (4054), Tel. 3 06 76 76, 45 B. – *Europe*[2], Clarastr. 43 (4005), Tel. 6 90 80 80, 240 B. – *Krafft am Rhein*[2], Rheingasse 12 (4058), Tel. 6 90 91 30, 80 B. – *Merian am Rhein*[2], Rheingasse 2 (4058), Tel. 6 85 11 11, 108 B. – *Metropol Garni*[2], Elisabethenanlage 5 (4051), Tel. 2 06 76 76, 84 B. – *Münchnerhof*[2], Riehenring 75 (4058), Tel. 6 91 77 80, 60 B. – *Palazzo*[2], Grenzacherstr. 6 (4058), Tel. 6 90 64 64, 45 B. – *Schweizerhof*[2], Centralbahnplatz 1 (4002), Tel. 2 71 28 33, 110 B. – *Spalenbrunnen*[2], Schützenmattstr. 2 (4051), Tel. 2 69 26 26, 50 B. – *St. Gotthard*[2], Centralbahnstr. 13 (4051), Tel. 2 25 13 13, 83 B. – *Der Teufelhof*[2], Leonhardsgraben 47 (4051), Tel. 2 61 10 10, 16 B. – *Victoria am Bahnhof*[2], Centralbahnplatz 3–4 (4002), Tel. 2 70 70 70, 130 B. – *Wettstein Garni*[2], Grenzacherstr. 8 (4058), Tel. 6 90 69 69, 59 B.

Au Violon[3], Im Lohnhof 4 (4051), Tel. 2 69 87 11, 33 B. – *Badischer Hof Garni*[3], Riehenring 109 (4058), Tel. 6 92 41 44, 32 B. – *Du Commerce Garni*[3], Riehenring 91 (4058), Tel. 6 90 23 23, 60 B. – *Hecht am Rhein*[3], Rheingasse 8 (4058), Tel. 6 91 22 20, 53 B. – *Helvetia*[3], Küchengasse 13 (4051), Tel. 2 72 06 88, 35 B. – *Resslirytti*[3], Theodorsgraben 42 (4058), Tel. 6 91 66 41, 38 B. – *Rhein-*

felderhof[3], Hammerstr. 61 (4058), Tel. 6 91 66 56, 65 B. – *Rochat*[3], Petersgraben 23 (4051), Tel. 2 61 81 40, 80 B. – *Stadthof*[3], Gerbergasse 84 (4051), Tel. 2 61 87 11, 19 B. – *Steinenschanze*[3], Steinengraben 69 (4051), Tel. 2 72 53 53, 75 B.

In der Umgebung

Engel[2], (4410) Liestal, Kasernenstr. 10, Tel. 9 27 80 80, 60 B. – *Gasthof zum Ochsen*[2], (4144) Arlesheim, Eremitagestr. 16, Tel. 7 06 52 00, 52 B. – *Kongreßzentrum Mittenza*[2], (4132) Muttenz, Hauptstr. 4, Tel. 4 61 06 06, 50 B.

Alfa[3], (4127) Birsfelden, Hauptstr. 15, Tel. 3 11 80 15, 90 B. – *Bad Bubendorf*[3], (4416) Bubendorf, Kantonsstr. 3, Tel. 9 35 55 55, 53 B. – *Bad Schauenburg*[3], (4410) Liestal-Schauenburg, Tel. 9 06 27 27, 45 B. – *Engel*[3], (4133) Pratteln, Hauptstr. 46, Tel. 8 26 40 00, 34 B. – *Eremitage*[3], (4144) Arlesheim, Eremitagestr. 2, Tel. 7 01 54 20, 48 B. – *Gasthof Neubad*[3], (4102) Binningen, Neubadrain 4, Tel. 3 02 07 05, 12 B. – *Radackerhof*[3], (4410) Liestal, Rheinstr. 93, Tel. 9 01 32 22, 51 B. – *Rössli*[3], (4105) Biel-Benken, Therwilerstr. 6, Tel. 7 21 10 32, 22 B. – *Rössli*[3], (4123) Allschwil, Dorfplatz 1, Tel. 4 81 11 55, 40 B. – *Schlüssel*[3], (4102) Binningen, Schlüsselgasse 1, Tel. 4 21 25 66, 44 B. – *Schlüssel La Chiave*[3], (4123) Allschwil, Mühlebachweg 1, Tel. 4 81 00 40, 23 B. – *Waldhaus*[3], (4127) Birsfelden, In der Hard, Tel. 3 13 00 11, 15 B.

Jahreskalender

Januar	"Vogel Gryff". Volksfest, das aus den jährlichen Musterungen der zunftähnlichen Kleinbasler Ehrengesellschaften hervorgegangen ist.
Februar/März	Basler Fasnacht (drei Tage ab Montag nach Aschermittwoch).
April	Weltmesse für Uhren und Schmuck.
Frühjahr	Schweizer Mustermesse.
Juni	"ART", Internationale Kunstmesse.
August/September	Verschiedene Freilichtspiele in Basel, Brüglingen und Riehen.
Herbst	CULTURA, Internationale Kunst- und Antiquitätenmesse.
Oktober/November	Basler Herbstmesse auf Peters-, Münster- und Barfüßerplatz sowie rund um die Mustermesse.
	Herbstwarenmesse in der Mustermesse.
Dezember	"Basler Wiehnachtsmärt" auf dem Barfüßerplatz.

Jugendherberge
mit 194 Betten am St.-Alban-Kirchrain 10 unterhalb des St.-Alban-Tores, Tel. 2 72 05 72.

Kartenvorverkauf
Für das Theater Basel (Große Bühne, Komödie, Kleine Bühne) werktags 10–13 und 15.30–18.45 Uhr, Tel. 2 95 11 33. Vorverkauf für Konzerte u. a. bei *Musik-Hug,* Freie Str. 70, Tel. 2 72 33 95; *au concert,* Aeschenvorstadt 24, Tel. 2 72 11 76. Für sonstige Veranstaltungen: *Bivoba,* Heuwaage/Auberg 21, Tel. 2 72 55 66.

Kinder
Kinderzolli im *Zoologischen Garten. Kinderverkehrsgarten,* Wasgenring 158. Im *Kannenfeldpark,* auf der *Voltamatte* und im *Horburgpark* sind Kinderbadebecken teils mit Rutschbahn zu finden. Kindervor-stellungen im *Basler Kindertheater,* Schützengraben 9, und im *Basler Marionettentheater,* Münsterplatz 8, Familienvorstellungen im *Vorstadt-Theater,* St.-Alban-Vorstadt 12.

Konzerte
Basel genießt den Ruf, ein Zentrum der Musikpflege zu sein (→ S. 30). Die Konzertsaison erstreckt sich zwischen September und Juni; Informationen und Hinweise in der Tagespresse und den Veranstaltungskalendern (→ Zeitungen).

Märkte
Jeden Werktag von 7–12.30 Uhr (Mo, Mi und Fr bis 18.30 Uhr) findet auf dem Marktplatz der *Gemüsemarkt* statt, auf dem auch Brot, Käse und Spezialitäten angeboten werden. Jeden Sa (außer während der Herbstmesse) *Flohmarkt* auf dem Petersplatz. Jeden Do auf dem Barfüßerplatz der *“Barfi Märt”,* an jedem ersten und dritten Mi (mit einigen Ausnahmen) der *Altwarenmarkt.* Im Dezember *Weihnachtsmarkt* auf dem Barfüßerplatz.

Museen
Anatomisches Museum (→ S. 91), Pestalozzistr. 20, Do 14–19, So 10–14 Uhr. Gruppen auch zu anderen Zeiten nach telefon. Vereinbarung.
Antikenmuseum und Sammlung Ludwig (→ S. 74), St.-Alban-Graben 5. Di–So 10–17 Uhr.
Architekturmuseum Basel (→ S. 68), Pfluggässlein 3. Di–Fr 13–18, Sa 10–16, So 10–13 Uhr. Wechselnde Ausstellungen.
Fondation Beyeler (→ S. 119), 4125 Riehen, Baselstr. 101. Tgl. 10–18, Mi 10–20 Uhr.

Feuerwehrmuseum (→ S. 64), Kornhausgasse 18. So 14–17 Uhr.

Sammlung alter Filme im Schweizer Filmmuseum, Blauenstr. 49. Geöffnet auf schriftliche Anfrage an Postfach 349, 4016 Basel.

Museum für Gegenwartskunst (→ S. 80), St.-Alban-Rheinweg 60. Di–So 11–17 Uhr.

Historisches Museum, Barfüßerkirche (→ S. 66), Barfüßerplatz. Mo, Mi–So 10–17 Uhr.

Haus zum Kirschgarten (→ S. 72), Elisabethenstr. 27. Di, Do, Fr, So 10–17, Mi 10–20, Sa 13–17 Uhr.

Jüdisches Museum der Schweiz (→ S. 64), Kornhausgasse 8. Mo und Mi 14–17, So 11–17 Uhr. Außerhalb der Öffnungszeiten Führungen nach Anmeldung.

Karikatur & Cartoon Museum (→ S. 78), St.-Alban-Vorstadt 28. Mi und Sa 14–17.30, So 10–17.30 Uhr. Führungen nach Vereinbarung.

Museum Kleines Klingental (→ S. 86), Unterer Rheinweg 26. Mi und Sa 14–17, So 10–17 Uhr.

Ausstellungsraum Klingental (→ S. 86), Kasernenstr. 23. Mo–Fr 15–18, Sa und So 11–16 Uhr.

Museum der Kulturen (→ S. 45), Augustinergasse 2. Di–So 10–17 Uhr. www.mkb.ch

Kunsthalle Basel (→ S. 72), Steinenberg 7. Di–So 11–17, Mi auch durchgehend bis 20.30 Uhr.

Kunstmuseum (→ S. 75), St.-Alban-Graben 16. Di–So 10–17 Uhr.

Kupferstichkabinett (→ S. 77), St.-Alban-Graben 16. Di–Sa 10–12 und 14–17 Uhr.

Kutschen- und Schlittensammlung (→ S. 107), 4142 Münchenstein, Scheune Vorder-Brüglingen. Mi, Sa und So 14–17 Uhr.

Ausstellung der Basler Mission (→ S. 90), Missionsstr. 21. Mo–Fr 8–12 und 14–18 Uhr. Gruppenbesuche und Führungen nach telefon. Anmeldung (auch Sa und So).

Musikmuseum (→ S. 70), Im Lohnhof 9. Di, Mi, Fr 14–19, Do 14–20, So 11–18 Uhr.

Naturhistorisches Museum (→ S. 45), Augustinergasse 2. Di–So 10–17 Uhr.

Basler Papiermühle. Museum für Papier, Schrift und Druck (→ S. 79), St.-Alban-Tal 37. Di–So 14–17 Uhr.

Schweizerisches Pharmazie-Historisches Museum (→ S. 62), Totengässlein 3. Mo–Fr 9–12 und 14–17 Uhr.

Puppenhausmuseum (→ S. 68), Steinenvorstadt 1, Mo–So 11–17, Do bis 20 Uhr.

Römermuseum Augst (→ S. 112), 4302 Augst, Giebenacherstr. 17. Mo 13–17, Di–So 10–17 Uhr (Nov.–Feb. 12–13.30 Uhr geschl.).

Schutzhäuser und Haustierpark tgl. 10–17 Uhr (Nov.–Feb. bis 16.30 Uhr).

Verkehrsdrehscheibe Schweiz und *Unser Weg zum Meer* (→ S. 122), Rheinhafen Kleinhüningen, Westquaistr. 2. Di–So 10–17 Uhr; Dez. bis Feb. nur Di, Sa und So 10–17 Uhr.

Skulpturhalle (→ S. 91), Mittlere Str. 17. Di–So 10–17 Uhr.

Spielzeugmuseum, Dorf- und Rebbaumuseum Riehen (→ S. 118), 4125 Riehen, Baselstr. 34. Mi–Sa 14–17, So 10–17 Uhr. Führungen nach Voranmeldung auch außerhalb der Öffnungszeiten.

Schweizerisches Sportmuseum (→ S. 90), Missionsstr. 28. Mo–Fr 10–12 und 14–17, Sa 13–17, So 11–17 Uhr. Führungen nach Voranmeldung

Museum Jean Tinguely (→ S. 114), Grenzacherstr. 210, Mi–So 11–19 Uhr.

Vitra Design Museum, D–79576 Weil am Rhein, Charles Eames Str. 1, Tel. 0 76 21/70 22 00. Di–So 11–18 Uhr.

Nachtleben

Bars

Bird's eye, the Jazz Club, Kohlenberg 20. – *Campari Bar,* Steinenberg 7. – *Cargo Bar,* St.-Johanns-Rheinweg 46. – *Club 59,* Steinenvorstadt 33, Pianist. – *Kunsthalle,* Steinenberg 7. – *71Y-One Piano Bar,* Riehenring 71.

Diskotheken

Bar Club Le Privé, Innere Margarethenstr. 6. – *Bar-Dancing le Plaza-Club,* Messeplatz. – *Dancing Queen's,* Blumenrain 10. – *Dancing Route 66,* Freie Str. 52. – *Disco-Pub Club 59,* Steinenvorstadt 33. – *Discothek Babalabar,* Gerbergasse 76.

Treffpunkte für junge Leute

Atlantis, Klosterberg 13, Jazz. – *Des Arts,* Barfüßerplatz 6, Bar, Café. – *Mad Max,* Steinentorstr. 35, Disco. – *Papa Joe's,* Steinenberg 14.

Notdienste

Feuerwehr, Tel. 118; *Polizei,* Tel. 117; *Sanität,* Tel. 144; *Apotheken, Ärzte, Zahnärzte,* Tel. 2 61 15 15; *Kantonsspital,* Tel. 2 65 25 25; *Augenspital,* Tel. 2 65 87 87; *Kinderspital,* Tel. 6 85 65 65 – *SOS für Tiere,* Tel. 6 91 40 20.

Öffentliche Verkehrsmittel

11 Tram-, 3 Trolleybus- und 9 Autobuslinien sind Teil des Tarifverbundnetzes, das auch zahlreiche Linien anderer Verkehrsbe-

triebe (Postbusse PTT, Schweizerische Bundesbahnen SBB und weitere Bahn- und Busbetriebe) einschließt. Die wichtigsten innenstädtischen Knotenpunkte mit sehr guten Anschlüssen sind Barfüßerplatz, Aeschenplatz, Schifflände, Bahnhof SBB, Claraplatz und Mustermesse. Die Fahrkarten müssen an den Automaten an den Haltestellen bezogen und/oder entwertet werden. Kurzstreckenbilletts (4 Haltestellen) kosten Fr. 1,80, Billetts für Stadtgebiet und Vororte Fr. 2,80, Tageskarten Fr. 7,80. Kinder bis 16 Jahre bezahlen die Hälfte. An sämtlichen Stationen können an mindestens einem Automaten Regio-Billetts für den gesamten Tarifverbund Nordschweiz mit einem Streckennetz von 826 km bezogen werden. Das Regio-Billett gilt für Tram, Bus, Bahn, Rheinschiff und Luftseilbahn (Reigoldswil-Wasserfallen, Auskunft Tel. 9 01 77 11). Auskunft über Abonnements, Ausflugstarife, Kollektivtarife: *Basler Verkehrs-Betriebe (BVB),* Station Barfüßerplatz, Tel. 2 67 89 91; *Baselland Transport AG (BLT),* Station Heuwaage, Steinentorstr. 30, Tel. 2 81 77 41; *Schweizerische Bundesbahnen (SBB),* Bahnhof SBB, Tel. 09 00 30 03 00; *PTT Postautodienst,* Postpassage 5 (beim Bahnhof SBB), Tel. 2 78 51 11; *Deutsche Bahn AG,* Badischer Bahnhof, Tel. 6 90 11 11; *Société Nationale des Chemins de fer français (SNCF),* Bundesbahnhof (Teil SNCF), Tel. 1 57 10 56.

Öffnungszeiten
von Museen sind unter dem eigenen Stichwort zu finden.

Basler Börse (→ S. 53 und 74), Besuchsmöglichkeiten Mo–Fr 9–12 Uhr. Anmeldung bei der Basler Börsenkammer, Aeschenplatz 7, 4002 Basel, Tel. 2 72 05 55.

Botanischer Garten der Universität Basel (→ S. 58), Schönbeinstr. 6, Nov.–März 8–17, April–Okt. 8–18, Gewächshäuser 9–17 Uhr.

Goetheanum in Dornach (→ S. 104), Führungen täglich 14 Uhr.

Kartause (→ S. 83), Besichtigung nach Anmeldung an der Pforte von 8–11 und 14–17 Uhr möglich.

Münster (→ S. 39), Sommer Mo–Fr 10–18, Sa 10–12 und 14–17, So 13–17 Uhr. Winter: 10–12 und 14–16 Uhr. Turmbesteigung von März bis Oktober.

Rathaus (→ S. 50), geöffnet während der Bürozeiten, Hof im Sommer auch Sa und So, Führungen nach Vereinbarung.

Tierpark Lange Erlen (→ S. 116), Erlenparkweg, im Sommer täglich 7–20, im Winter 7.30–17 Uhr.

Zoologischer Garten (→ S. 95), Binningerstraße, im Sommer täglich 8–18.30, im Winter 8–17 Uhr.

Pannenhilfe

AZB Autohilf-Zentrale, Margarethenstr. 79, 2 71 22 20. – *Cortellini & Marchand,* Birsfelden, Tel. 3 12 01 17 und 3 12 40 40. – *TCS-Pannenhilfe,* Tel. 140.

Parken

In der Innenstadt sind kaum Parkplätze vorhanden und bei fast allen ist die Parkdauer beschränkt. Für die ganze Stadt gilt: Blaue Markierung maximale Parkdauer 90 Minuten und Parkscheibenpflicht, weiße Markierung unbeschränkte Parkzeit oder Parkuhren mit unterschiedlicher Parkzeit. In einzelnen Parkhäusern gibt es Automaten, die auch deutsche Münzen akzeptieren und Wechselautomaten.

Parkhäuser: In Großbasel ist am Bahnhof SBB das Centralbahnparking (410), am Steinentorberg das Elisabethen-Parking (860; max. 1 Woche) zu finden, an der Steinenschanze das Steinen-Parking (570; max. 1 Woche), an der Schanzenstraße/Klingelbergstraße beim Kantonsspital das City-Parking (530), am Fischmarkt das Storchen-Parking (200), an der Gartenstraße das St.-Jakob-Parkhaus (110), an der Henric-Petri-Straße das Anfos-Parkhaus (200), am Aeschengraben das Hilton-Parking (100) und das Aeschen-Parking (65). – In Kleinbasel steht gegenüber der Mustermesse das Muba-Parking (1400; bis zu 2 Tagen), beim Badischen Bahnhof das Parkhaus Badischer Bahnhof (625), an der Hammerstraße das Europe-Parkhaus (130) und an der Rebgasse beim Claraplatz das Jelmoli-Parkhaus (300).
Parkplätze sind beim Zoologischen Garten, beim Bahnhof SBB und beim Badischen Bahnhof zu finden.

Post

Hauptpostamt Basel 2 beim Bahnhof SBB mit Nachtschalter; für die Innenstadt Postamt Basel 1 Rüdengasse/Freie Straße.

Grundpostleitzahl: CH–4000 (Feinpostleitzahlen sind im Telefonbuch zu finden); *Telefonvorwahl:* im Schweizer Netz 061, von Deutschland aus 00 41 61.

Restaurants

In der Innenstadt:
Stadtcasino, am Barfüßerplatz, mit Boulevard-Café. – *Steinenpick/Charolaise,* Steinentorstr. 25, oft kulinarische Spezialitätenwochen. – *Kunsthalle,* Steinenberg 7, beim Theaterplatz, mit Gartenrestaurant. – *Piccobello,* Blumenrain 12, mit Rheinterrasse. – *Safranzunft,* Gerbergasse 11, Lokal mit Tradition, Spezialität

Fondue Bacchus, Saal mit historischer Malerei. – *Spillmann,* Eisengasse 1, bei der Mittleren Brücke, mit schönem Blick auf den Rhein, Terrasse. – *Walliser Kanne,* Gerbergasse 50, Raclette und Fondue. – *Schlüsselzunft,* Freie Str. 25, altes Zunfthaus mit historischem Zunftsaal, Straßencafé. – *Hasenburg,* Schneidergasse 20, volkstümliches Lokal. – *Zum Goldenen Sternen,* St.-Alban-Rheinweg 70, 1975 wiederaufgebautes Haus, das bis 1965 in der Aeschenvorstadt stand und als ältestes Wirtshaus der Schweiz gilt, Straßencafé und Tische im Hof. – *St. Jakob,* St.-Jakob-Str. 377, historisches Wirtshaus. – *Mägd,* St.-Johanns-Vorstadt 29, Gartenwirtschaft. – *Chez Donati,* St.-Johanns-Vorstadt 48, mit Rheinterrasse, hat eine der besten ital. Küchen der Stadt. – *Spalenburg,* Schnabelgasse 2, im 1. Stock chines. Spezialitäten. – *Stadthof,* Gerbergasse 84, Brötlibar, Pizzeria. – *Steakhouse Churrasco,* Schifflände 1, Fleischgerichte à la Südamerika. – *St.-Alban-Eck,* St.-Alban-Vorstadt 60, historisches Haus. – *Gifthüttli,* Schneidergasse 11, gutbürgerlich. – *Zum Braunen Mutz,* Barfüßerplatz 10, frz. Brasserie. – *Löwenzorn,* Gemsberg 2/4, mit Intarsiensaal und Gartenrestaurant. – *Der Teufelhof,* Leonhardsgraben 47, für gehobene Ansprüche. – *Bruderholz-Stucki,* Bruderholzallee 42, Domäne der Grande Cuisine française in Basel.

In der Umgebung des Bahnhofs SBB:
Bahnhofsbuffet mit *La Bâleine,* Brasserie, Centralbahnstr. 14. – *Steinbock,* Centralbahnstr. 19, Raclette. – *L'Escargot,* Centralbahnstr. 10, Kellerrestaurant mit frz. Küche. – *Pomodoro,* Steinenvorstadt 71, ital. Küche. – *Schützenhaus,* Schützenmattstr. 56, im historischen Haus der Feuerschützen, großer historischer Saal, Gartenrestaurant, elegant.

In Kleinbasel:
L'Escale, Messeplatz 1, Sitzmöglichkeit auf dem Messeplatz. – *Taverne Valaisanne,* Clarastr. 28, Käse-Fondue. – *Café Spitz,* Greifengasse/Rheingasse, eindrucksvoller Blick auf das Großbasler Rheinufer von der Terrasse aus. – *Fischerstube,* Rheingasse 45, braut vier verschiedene Biere. – *Terrasse,* Haltingerstr. 104, solide klassische Küche. – *Osteria Romagna mia,* Feldbergstr. 1, ital. Spezialitäten.
Asiatische Küche:

China-Garden, Schnabelgasse 2. – *China-Restaurant Mandarin,* Sempacherstr. 7. – *China-Palast,* Petersgraben 21. – *China-Town,* Bruderholzstr. 39. – *zum Chines,* Marktplatz 34. – *Pagode,* Steinenvorstadt 32. – *Hongkong,* Riehenring 91. – *Peking,* Jungstr. 50. – *Lotus Garden,* St.-Johannsplatz 20. – *Sakura* (japan.), Centralbahnstr. 10. – *Shanghai,* Baslerstr. 323, Allschwil. – *Tivoli Jeffery's Indian Restaurant,* Centralbahnstr. 17.

Schiffahrt

Vier *Fähren* verkehren tagsüber laufend zwischen den beiden Rheinufern: Die St.-Alban-Fähre "Wild Maa" östlich der Wettsteinbrücke, die Münsterfähre "Leu" südöstlich, die Klingental-Fähre "Vogel Gryff" nordwestlich der Mittleren Brücke und die St.-Johann-Fähre "Ueli" oberhalb der Dreirosenbrücke. *Ausflugsschiffe* nach Rheinfelden, Augst (Römische Koloniestadt), Breisach und Mühlhausen fahren ab Schifflände (bei der Mittleren Brücke), *Passagierschiffe* nach Rotterdam ab Elsässerrheinweg (beim St.-Johanns-Tor). Auskünfte bei der Basler Personenschiffahrts-Gesellschaft, Tel. 6 39 95 00.

Sport

Zentrale Sportanlage ist das *Stadion St. Jakob* (→ S. 106), St.-Jakob-Str. 395, mit Hallen, Plätzen und einer Kanu-Übungsanlage. Sportanlagen für Leichtathletik, Tennis, Fußball, Handball und andere Sportarten sind über das ganze Stadtgebiet verteilt. Zwei *Kunsteisbahnen* stehen im Gartenbad Eglisee (Kleinbasel) und im Margarethenpark (Gundeldingerquartier hinter dem Bahnhof SBB) im Winter zur Verfügung, ebenso eine *Rollschuhbahn* (Nidwaldnerstraße). Ein *Trimm-Pfad* befindet sich in den Langen Erlen/Freiburgerstraße. Das Verkehrsbüro hält ein Faltblatt mit allen *Tennis- und Squashplätzen* bereit. *Wandern* im Basler Stadtgebiet ist in den Langen Erlen, auf St. Chrischona und entlang des Rheins möglich. Alle anderen Wandergebiete liegen außerhalb des Kantons (Basel-Landschaft, Solothurn, Aargau und Bern) oder im Ausland (Baden, Elsaß).

Stadtführungen

Altstadtrundgang Mitte Mai bis Mitte Okt. Mo–Sa 14.30 Uhr, Mitte Okt. bis Mitte Mai nur Sa 14.30 Uhr ab Basel Tourismus, Schifflände 5. Individuelle Führungen (z. B. Münster, Rathaus, Altstadt, Museen) und Ausflüge können ebenfalls über Basel Tourismus, Tel. 2 68 68 68, vermittelt werden. Dort ist auch ein Führer erhältlich, der fünf Altstadtrundgänge auf den Spuren Basler Persönlichkeiten (Erasmus von Rotterdam, Jacob Burckhardt, Thomas Platter, Paracelsus, Hans Holbein) beschreibt.

Taxis

Standplätze bei den Bahnhöfen in der Innenstadt und in einigen Quartieren. *Taxizentrale,* Tel. 2 71 22 22; *Dreiunddreißigertaxi,* Tel. 6 33 33 33; *Mini-Taxi,* Tel. 2 71 11 11; *Taxiphon-Genossen-*

schaft, Tel. 3 21 44 44; *Stern-Taxi,* Tel. 6 91 44 44; *Blitz-Taxi,* Tel. 6 92 77 77; *Riehen-Taxi,* Tel. 6 41 30 30.

Theater

Theater Basel für Oper, Operette, Ballett und Schauspiel, Theaterstr. 7, Garage im Haus. – *Komödie,* Schauspielhaus, Steinenvorstadt 63. – *théâtre fauteuil,* Spalenberg 12. Eigenproduktionen und Gastspiele. – *Neues Tabourettli,* im gleichen Haus, Cabaret mit Verzehr. – *Basler Marionettentheater,* Münsterplatz 8, für Erwachsene und Kinder. – *Baseldytschi Bihni,* Leonhardstr. 7, spielt ausschließlich Dialekt (kein Eintritt, freiwilliger Austritt). – *Vorstadt-Theater,* St.-Alban-Vorstadt 12. – *Basler Kindertheater,* Schützengraben 9, Kinder spielen für Leute von 4 bis 104 Jahre. – *Basler Jugendtheater,* Klybeckstraße 1b. – *Der Teufelhof,* Leonhardsgraben 47, nur Gastspiele, zwei Bühnen. – *theater marat/sade,* Information Rheingasse 23. Nur Sommerproduktionen. – *Zum Isaak,* Am Münsterplatz, nur Gastspiele. – *Kaserne,* Klybeckstraße 1b, Gastspiele, Konzerte, Film, Ausstellungen. – *Atelier-Theater Riehen,* Baselstr. 23, Gastspiele und Eigenproduktionen. – *Goetheanum Dornach,* Eigenproduktionen und Gastspiele, Theaterkurse, Theaterzyklen, Konzerte.

Zeitungen

“Basler Zeitung”, 1977 aus dem Zusammenschluß von “Basler Nachrichten” und “National-Zeitung” entstanden und “Basellandschaftliche Zeitung” (Liestal). – Das offizielle Basler Wochenbulletin “Basel live”, das alle 14 Tage erscheint und in Hotels, Geschäften und bei Basel Tourismus gratis zu bekommen ist, orientiert über das Kultur-, Sport- und Shoppingleben, die monatlich erscheinende “Programmzeitung” ausschließlich über das kulturelle Geschehen. – Ebenfalls gratis erhältlich sind die Anzeigenblätter mit redaktionellem Teil, “Baslerstab” und “Basler Bebby”. – Daneben gibt es verschiedene Quartier-Zeitungen.

GESCHICHTE UND GEGENWART

Wappen. Das Wappen der Stadt und des Kantons Basel-Stadt ist der Baselstab, ein schwarzer nach links gerichteter Krummstab auf weißem Feld. Er ist von drei unterschiedlich langen Querbalken unterbrochen und läuft unten in drei Zacken aus, die wohl nicht auf einen Schifferstachel, sondern eher auf ein früheres Ziertuch (Panisellus) zurückgehen. Der Baselstab ist vom gekrümmten Hirtenstab der Bischöfe abgeleitet. Als Wappenschildhalter dienen Löwen, wilde Männer, Engel oder seit dem 15. Jh. auch Basilisken, Drachen mit Hahnenkopf und Schlangenschwanz. Der Kanton Basel-Landschaft führt einen roten, mit sieben Kugeln (ursprünglich Krabben, eine blattähnliche gotische Schmuckform) verzierten Stab, der auch das Wappen von Liestal ist. – Ob der Name Basel auf das griechische "Basilea" (= Königsstadt) zurückgeht, ist ungewiß.

Lage und Stadtbild. Basel, die zweitgrößte Stadt der Schweiz, liegt zu beiden Seiten des Rheins, der sich hier zwischen den Vorhöhen des Schwarzwaldes und des Schweizer Jura in scharfer Biegung nach Norden zur Oberrheinischen Tiefebene wendet. Der Rheinabschnitt oberhalb von Basel bis zum Bodensee heißt Hochrhein. Auf dem höheren linken Ufer steigt Großbasel zu beiden Seiten des engen Birsigtales an; auf dem flacheren rechten Ufer dehnt sich Kleinbasel mit seinen großen Industriebauten aus. Dank seiner Lage am Knotenpunkt wichtiger Verkehrsstraßen wurde Basel schon früh ein bedeutender Handelsplatz. Durch die Nähe der deutschen und französischen Grenze bildet die Stadt das Nordwesttor der Schweiz und ist Zentrum einer Region von fast 700 000 Einwohnern.

Basel-Stadt bildet einen selbständigen Halbkanton, dem außer der Stadt selber (2385 ha) die rechtsrheinischen Dörfer Riehen (1087 ha) und Bettingen (222 ha) angehören. Seine Grenze mißt gut 43 km, wovon ca. 3 km auf dem Rhein und etwa 2 km auf der Birs verlaufen. Die Höhenunterschiede in dem mit 3694 ha doch recht kleinen Kanton sind erheblich: während der Rheinhafen Kleinhüningen 245 m und der Münsterplatz 270 m über dem Meer liegen, steigt das Gelände bei St. Chrischona oberhalb Bettingen auf 522 m. Die Stadt Basel, die zu den am dichtesten besiedelten Städten

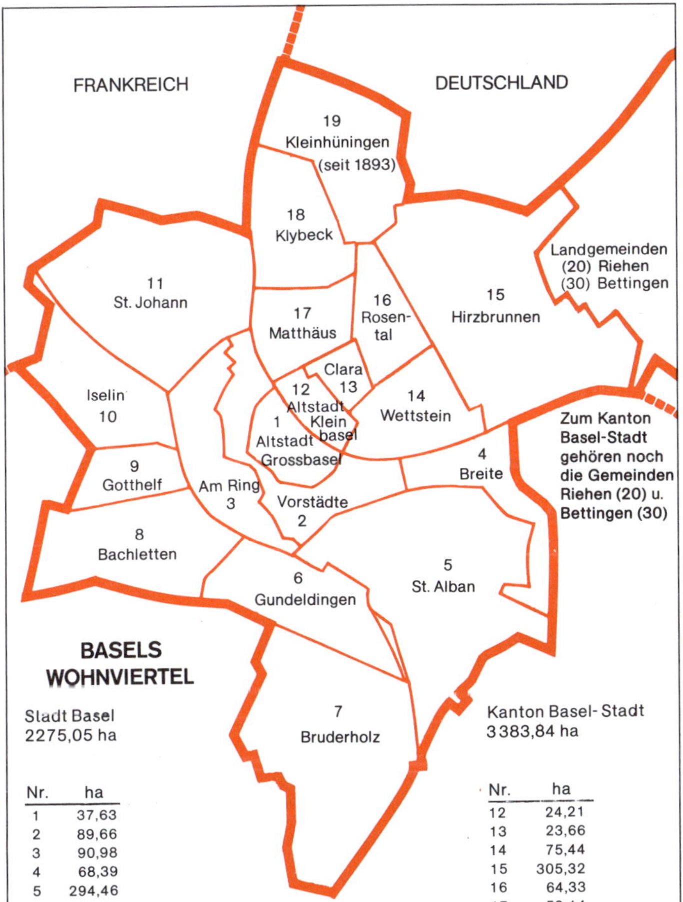

BASELS WOHNVIERTEL

Stadt Basel
2275,05 ha

Nr.	ha
1	37,63
2	89,66
3	90,98
4	68,39
5	294,46
6	123,19
7	259,61
8	151,39
9	46,62
10	109,82
11	223,90

Kanton Basel-Stadt
3383,84 ha

Nr.	ha
12	24,21
13	23,66
14	75,44
15	305,32
16	64,33
17	59,14
18	91,19
19	136,11
	2275,05
20	1086,10
30	222,69

Europas zählt (298 Einwohner pro ha im Matthäus-Quartier) und fast aus den Nähten platzt, hat dennoch 320 ha Grünflächen und 71 ha Wald, der Kanton Basel-Stadt insgesamt 637 ha Grünfläche und 307 ha öffentlichen Wald.

Die Großbasler Altstadt am linken Rheinufer im Tal des Birsig und der beidseitig aufsteigenden Hügel gelegen, ist mit ihren mittelalterlichen Bauten weitgehend erhalten – in den letzten Jahren wurden über vierzig Altstadtbauten von der Stadt mit großem Aufwand saniert. Ein Kranz bereits im Mittelalter angelegter Vorstädte umzieht sie: im Norden die St.-Johanns-Vorstadt, im Westen die Spalenvorstadt, im Süden die Steinen- und die Aeschenvorstadt und im Osten die St.-Alban-Vorstadt. Die Fläche bis zu den Landes- bzw. Kantonsgrenzen wurde seit der zweiten Hälfte des 19. Jhs. allmählich bebaut. Die Dörfer Allschwil im Westen, Binningen und Bottmingen im Südwesten, Münchenstein, Arlesheim, Dornach im Süden, das an den Rhein grenzende Birsfelden sowie Muttenz und Pratteln im Südosten, der Auhafen und das Industriegebiet Schweizerhalle gehören politisch zwar zu den Kantonen Basel-Landschaft und Solothurn, sind heute aber so eng mit der Stadt verbunden, daß sie in diesem Buch ebenfalls behandelt werden.

Kleinbasel am rechten Rheinufer ist über sechs Brücken und vier Fähren zu erreichen. Im Norden seines alten Zentrums dehnt sich das große Firmenareal einer Chemiefabrik aus bis zum Wohnviertel Kleinhüningen, dem ehemaligen Fischerdorf, das seinerseits an den Rheinhafen grenzt. Hier mündet auch die Wiese, von Nordosten kommend, in den Rhein. Der Osten Kleinbasels ist ein Wohngebiet; es setzt sich bis Riehen fort, das ebenso wie das etwas östlicher liegende Dorf Bettingen mit dem Aussichtsort St. Chrischona zum Kanton Basel-Stadt gehört.

Der historische Stadtkern links des Rheines ist innerhalb der befahrenen Straßen Petersgraben, Leonhardsgraben, Kohlenberggasse, Steinentorstraße, Steinenberg, St.-Alban-Graben, Rittergasse und Münsterplatz Fußgängerzone. Auch die Straßen rings um den Claraplatz sind inzwischen autofrei. Im Innenstadtbereich, im Rheinhafen Kleinhüningen und in St. Jakob sind für Fußgänger blaue Tafeln als Wegweiser aufgestellt.

Bevölkerung. Ende 2000 zählte die Stadt Basel um 170 000, der Kanton Basel-Stadt etwa 192 000 Einwohner. 32% der Stadtbevölkerung waren protestantischer, 25% katholischer und 1% jüdischer Konfession. Der Ausländeranteil betrug gut 27%. Die Bevölkerungszahl des Kantons, vor allem aber der Stadt, ist seit 1969, als mit 232 795 Kantonseinwohnern das Maximum verzeichnet wurde, stetig zurückgegangen, weil viele Bewohner in die Vororte außerhalb des

Kantons zogen und die Zahl der Todesfälle die der Geburten meist deutlich überstieg. Gut die Hälfte aller Einwohner ist berufstätig, vor allem in unselbständiger Stellung; nur etwa 4% der Erwerbstätigen sind selbständig. Das Pro-Kopf-Einkommen im Kanton ist (nach Zug) das zweithöchste der Schweiz. Im Altersaufbau zeigt sich gegenüber dem Schweizer Durchschnitt ein geringerer Anteil von Kindern und Jugendlichen und ein starkes Überwiegen der älteren Jahrgänge: rund ein Drittel der Bevölkerung ist 55 und mehr Jahre alt, über ein Fünftel im Rentenalter von 65 und mehr Jahren.

Die Basler, ihrer Abstammung nach Alemannen, haben einen eigenen Dialekt, das Baseldytsch, entwickelt. Die Geschicke der Stadt wurden lange durch einige wenige Familien bestimmt, die zum Teil noch heute einflußreiche Positionen in Wirtschaft und Politik einnehmen. Ihnen verdankt die Stadt auch ein ausgeprägtes (Kunst-)Mäzenatentum.

Klima. Basel hat dank der Lage im Rheintal ein mildes Klima, das durch mediterrane Luft geprägt ist, die durch das Rhonetal und die Burgundische Pforte einströmt. Die Temperatur liegt im Jahresdurchschnitt bei 9,4 °C, wobei der Januar mit immerhin noch + 0,1 °C der kälteste und der Juli mit 18,7 °C der wärmste Monat ist. An Niederschlag mißt man pro Jahr 785 l/qm, das ist nur etwas mehr als die Hälfte von dem, was im Schwarzwald auf dem Feldberg niedergeht, denn die Wolken werden durch Berge gestaut und regnen sich dort ab. Die stärksten Regenfälle gibt es von Juni bis August (93, 86, 94 l/qm), die geringsten Niederschläge im Dezember (44 l/qm) und im Februar (40 l/qm). Unter einer meist nur dünnen Schneedecke liegt die Stadt an ca. 30 Tagen im Jahr; weil Basel etwas höher liegt als die Rheinebene, bleibt der Schnee hier eher liegen. Von Gewittern wird Basel an 18 Tagen und von Hagel nur an zwei Tagen im Jahr heimgesucht. Schwüle Tage lasten rund 25 mal im Jahr auf den Baslern. Die Winde sind relativ schwach; bei schlechtem Wetter wehen sie von Westen, bei gutem Wetter von Osten; dann nämlich, wenn kalte Luft vom Hochrhein talabwärts strömt. Basel hat – gemessen an seiner Höhenlage – recht viel Sonne, so viel, als ob es 200 m höher läge.

Politische Gliederung und Verwaltung. Der Kanton Basel-Stadt, seit 1833 vom Kanton Basel-Landschaft getrennt, gründet auf die 1889 revidierte Verfassung von 1875. Kantonales Parlament (Legislative) ist der 130 Mitglieder umfassende Große Rat. Er wird auf eine Amtsdauer von vier Jahren im Verhältniswahlverfahren (Proporz) vom Volk (seit 1972 auch von den Frauen) gewählt; die Amtsdauer seiner Mitglieder ist auf drei Amtsperioden begrenzt. Im Großen Rat bestehen derzeit neun Fraktionen, die politische

Standorte von rechtskonservativ bis linksaußen vertreten. Eine Kleingruppen ausschließende Prozent-Klausel gibt es nicht. Die Exekutive, Regierungsrat genannt, besteht aus sieben Personen; sie werden (wie die Gerichtspräsidenten und die Richter aller Instanzen) vom Volk direkt im Mehrheitswahlverfahren (Majorz) gewählt. Die politische Zusammensetzung der Regierung muß also nicht den Mehrheitsverhältnissen im Parlament entsprechen.

Der Einfluß der Bevölkerung beschränkt sich aber nicht nur auf Wahlen; in Abstimmungen kann das Volk auch zu Verfassung, Gesetzen und Sachfragen Entscheide treffen. Verlangen es mindestens 2000 Stimmberechtigte (Referendum), so unterliegen Großratsbeschlüsse der Volksabstimmung. Initiativen auf Verfassungs- oder Gesetzesänderungen müssen ebenfalls dem Volk unterbreitet werden, wenn 4000 Stimmberechtigte das verlangen. Referenden (für Gesetzes- und Verfassungsbestimmungen) und Initiativen (nur für Verfassungsbestimmungen) sind auch in der Eidgenossenschaft mit 50 000 bzw. 100 000 Unterschriften möglich. Diese sogenannte direkte Demokratie relativiert die Macht von Legislative und Exekutive, führt aber auch dazu, daß deren Vorlagen zu Verfassungs- und Gesetzesbestimmungen ebenso wie Sachvorlagen meist schon auf größtmögliche Akzeptanz ausgerichtete Kompromisse sind.

Wirtschaftsleben. Basel, das “goldene Tor der Schweiz” ist dank seiner handelsgeographisch bevorzugten Lage an einer der wichtigsten Wegkreuzungen Mitteleuropas eine Drehscheibe im europäischen Verkehr. Es ist das Wirtschaftszentrum einer weiten Region, die außer der Nordwestschweiz Teile Badens und des Elsaß umfaßt. Täglich bewegen sich allein 27 000 Personen in gewaltigen Pendlerströmen zu den Arbeitsplätzen der Stadt. An dieser Dreiländerecke begegnen sich die Straßen und, mit je eigenen Bahnhöfen, die Eisenbahnen der Schweiz, Deutschlands und Frankreichs. Die internationale Rheinschiffahrt erreicht an ihrem bisherigen Endpunkt einen Güterumschlag von über 8 Millionen Tonnen in den Basler Häfen. Der internationale Flughafen Basel-Mulhouse-Freiburg ist ein schweizerisch-französisches Gemeinschaftsunternehmen. Im 18. und 19. Jh. verschaffte die Seidenbandproduktion der Stadt eine führende Stellung in Textilherstellung und -handel. Aus den Färbereien entwickelte sich Mitte des 19. Jhs. die chemische Industrie, deren Weltunternehmen Novartis (1996 durch Fusion der Firmen Ciba und Sandoz entstanden) und Hoffmann-La Roche, zusammen mit der Alusuisse/Lonza und der Chemischen Fabrik Schweizerhall, den fünften Teil aller Arbeitsplätze zur Verfügung stellen und ein Drittel des Sozialproduktes erwirtschaften sowie mit 20% am Wert der schweizerischen Ausfuhr beteiligt sind. Daneben sind andere Industriezweige wie diejenigen der Maschinen und Metalle, der Textilien, der Nahrungs- und Genußmittel vertreten. Entsprechend der langen Tradition des Buchdrucks und der Papierherstellung sind auch heute noch in Basel mehrere Verlage beheimatet. Seit dem Jahr 1917 hat sich aus der nationalen Leistungsschau, der Schweizer Mustermesse, die "Messe Basel", ein führender europäischer Messeplatz, entwickelt, der von Jahr zu Jahr immer zahlreichere Fachmessen und Kongresse von internationaler Bedeutung beherbergt. Als Zentrum der Kapitalbildung und Kapitalvermittlung seit dem späten Mittelalter ist Basel auch heute noch ein bedeutender Bankenplatz: Sitz der Bank für Internationalen Zahlungsausgleich (BIZ), Hauptsitz des Schweizerischen Bankvereins und traditionsreicher Privatbanken. Alle schweizerischen Großbanken sind hier neben der Schweizerischen Nationalbank (Notenbank) und einigen internationalen (Eurofima) und schweizerischen Spezialbanken vertreten.

Ver- und Entsorgung. Die Energie- und Wasserversorgung des Kantons Basel-Stadt ist seit 1978 den Industriellen Werken (IWB) im Querverbund übertragen. Die Stromerzeugung erfolgt vorwiegend in Wasserkraftwerken, an denen der Kanton maßgeblich beteiligt ist. Das Kehrichtverbrennungs-Fernheizkraftwerk liefert Wärme in das bisher in der Schweiz größte Fernwärmenetz, das zusätzlich aus Quartier-Blockheizkraftwerken gespeist wird. Das städtische Gaswerk versorgt die Basler und einige Umlandgemeinden über ein rd. 789 km langes Rohrnetz mit Erdgas. Die Schweiz ist an das europäische Erdgasverbundsystem angeschlossen und bezieht Gas vorwiegend durch die Transitpipeline von Holland nach Italien.

Ehe 1971/72 ausschließlich auf Erdgas umgestellt wurde, hat man das Stadtgas in Basel aus Steinkohle gewonnen: das 1931 im rechtsrheinischen Kleinhüningen eröffnete Werk bezog die Kohle per Schiff. Sie wurde in Kammern gefüllt und unter Luftabschluß auf 1100–1300 Grad erhitzt. Während etwa 24 Stunden entwich das Gas und wurde in großen Behältern gespeichert. Aus der Kohle war dabei Koks geworden. Als Nebenprodukte fielen Teer und Ammoniak an. Eine erste Gaserzeugung nach dieser Methode gelang dem Engländer William Murdock 1792, als er Kohle in einem verschlossenen Flintenlauf über einem Herd erhitzte und das entweichende Gas in einer Schweinsblase auffing. Die Verwertung dieser Erfindung folgte bald. 1813 gründete man in London eine Gasgesellschaft, um die Westminsterbrücke zu erleuchten. Weitere Gaswerke entstanden 1819 in Paris, 1825 in Dresden, 1843 in Bern und 1852 in Basel. Dieses Werk stand an der Stelle des heutigen Verwaltungsbaues und gewann sein Gas aus Holz. 1860 wurde eine neue Anlage vor dem St.-Johanns-Tor eröffnet.

Das Basler Trinkwasser kommt aus Quellen und zum größeren Teil aus den beiden stadtnahen Grundwassergebieten Lange Erlen und Muttenzer Hard. Das Quellwasser entspringt in etwa 40 Quellen, die vor ca. 100 Jahren in den Juratälern südlich der Stadt gefaßt wurden. Durch die Quellwasserleitung wird es nach Passieren großer Filter in die Reservoirs auf dem Bruderholz gepumpt.

Das Grundwasserwerk Lange Erlen wurde um 1880 über und im Grundwasserstrom des Wiesentales angelegt. Um das Wasser in der Erde anzureichern, pumpt man am Kraftwerk Birsfelden Wasser aus dem Rhein, filtert es und läßt es in der Schutzzone in den nochmals als Filter wirkenden Boden versickern. 13 Haupt- und 18 Nebenbrunnen fördern dann das Grundwasser zutage. Im Wasserwerk Lange Erlen wird es mit dem Hardwasser, das bei Muttenz im Südosten aus dem Boden gefördert wurde, gemischt, gefiltert, entkeimt und seit einer Volksbefragung mit Fluor zum Schutz gegen Karies angereichert. Von den zahlreichen Wasserreservoiren an den höher gelegenen Punkten der Stadt, die die Verbrauchsspitzen ausgleichen müssen, ist das im Kirchturm von St. Chrischona (→ S. 119) das höchste.

Die ärztliche Versorgung der Stadt ist vorbildlich. Unter einer ganzen Reihe von Krankenhäusern ist das Kantonsspital mit den Universitätskliniken das größte und genießt europäischen Ruf. – Obst und Gemüse beziehen die Basler Läden überwiegend von der Großmarkthalle an der Viaduktstraße; der 1970 neu errichtete Schlachthof im Westen der Stadt versorgt die Metzger der Region.

Basel hat aus Platzgründen keine Mülldeponie, sondern vernichtet die Abfälle seit 1941 in einer Kehrichtverbrennungsanlage. – Eine zentrale, der ganzen Region dienende Kläranlage wurde 1982 fertiggestellt, so daß Basel seine ungereinigten Abwässer nicht mehr zu Lasten der nördlichen Anlieger dem Rhein "anvertraut". Die Chemiekonzerne entsorgen ihre Abwässer separat.

Kulturelles Leben. Basel genießt den Ruf, eine Stadt der Musik und der Museen zu sein. Zentrum des Musiklebens ist der Große Musiksaal des Stadt-Casinos, der von der Akustik her zu den fünf besten der Welt zählt und 1988 für über 2 Millionen Franken renoviert worden ist. Getragen wird das Konzertwesen, das sich vor allem auf die Saison zwischen September und Juni konzentriert, von zahlreichen Basler Konzertveranstaltern (hauptsächlich Allgemeine Musikgesellschaft AMG, Musik Forum Basel, Basler Gesangverein, Basler Liedertafel, Gesellschaft für Kammermusik). Zur Bewältigung des vielfältigen Konzertangebotes stehen den Veranstaltern in erster Linie das Basler Sinfonie-Orchester und das Radio-Sinfonieorchester Basel zur Verfügung, die auch das Musiktheater der Basler Theater bestreiten. Außerdem werden von zahlreichen privaten Chor- und Musikvereinigungen an wechselnden Aufführungsorten, nicht zuletzt in Kirchen, anspruchsvolle Konzerte gegeben, so daß dem Musikfreund in Basel ein überaus reichhaltiges und hochstehendes Angebot offeriert wird.

Mit der Gründung der Schola Cantorum Basiliensis durch Paul Sacher in den dreißiger Jahren wurde Basel ein Zentrum der Erforschung und Pflege alter Musik. Aber auch auf dem Gebiet der neuen Musik nimmt die Stadt dank der jahrzehntelangen Pionierarbeit des Basler Kammerorchesters (ebenfalls unter der Leitung von Paul Sacher), das seine Tätigkeit 1987 eingestellt hat, und der Basler Ortsgruppe der Internationalen Gesellschaft für Neue Musik (IGNM) eine Stellung von europäischer Bedeutung ein. Als neuer, unkonventioneller und wagemutiger Konzertveranstalter hat sich 1987 das Basler Musik Forum installiert. Zum Ruf der Musikstadt trägt auch deren Musik-Akademie bei. Sie genießt als eine der bedeutendsten Schulungsstätten der Schweiz großes internationales Ansehen. Unter dem Titel "Akademie-Konzerte" führt sie jährlich eine eigene Konzertreihe durch.

Eine wichtige Stellung im Basler Kulturleben nehmen die Basler Theater ein. Der Dreispartenbetrieb hat seine Hauptbühne im 1975 erbauten, großzügig konzipierten Stadttheater am Steinenberg, das den Altbau von 1875/1902 ersetzte. Vor allem die aufwendigen Opern- und Ballettaufführungen werden hier gespielt. Dem Schauspiel dient vor allem die kleinere Bühne in der "Komödie" an der Steinenvorstadt 63, die 1952 von Egon Karter als Privattheater gegründet wurde und 1968 mit dem Stadttheater fusionierte, sowie die Kleine Bühne im neuen Theaterbau. Die Theatersaison dauert von Ende September bis Ende Juni. Zu erwähnen sind aber auch die 14 Kleintheater in Basel und Riehen, die vom Schwank bis zum literarischen Cabaret fast alle Sparten bieten.

Das Kulturleben wird weiter geprägt von den etwa 30 Museen in Basel und Riehen. Die größten sind das Kunstmuseum mit dem ihm angeschlossenen Museum für Gegenwartskunst, das Historische Museum mit seinen vier Häusern (Barfüßerkirche, Haus zum Kirschgarten, Musikmuseum, Kutschen- und Schlittensammlung), das Antikenmuseum und die Sammlung Ludwig, das Naturhistorische Museum sowie das Museum der Kulturen. Aber auch die anderen Museen, wie zum Beispiel das Feuerwehrmuseum, das Jüdische Museum der Schweiz, das Schweizerische Pharmazie-Historische Museum, das Schweizerische Sportmuseum, das Architekturmuseum, die ca. 100 Galerien und die Kunsthalle, die sich vor allem zeitgenössischer Kunst widmet, sowie der Ausstellungsraum Basler Künstler in der ehemaligen Kaserne erfüllen wichtige Aufgaben. – Wichtige Impulse für das kulturelle Leben Basels gehen von der Universität (→ S. 59) aus, die seit ihrer Gründung im Jahre 1460 viele namhafte Gelehrte und Wissenschaftler hervorgebracht hat.

Die Fasnacht. Berühmt ist die Basler Fasnacht. Seit 1825 beginnt sie am Montag nach Aschermittwoch um 4 Uhr früh mit dem *Morgestraich. In der völlig dunklen Stadt heben mit dem Glocken-

schlag das harte Trommeln und das helle Pfeifen der Piccoloflöten an. Jeder sog. “Clique” (Gruppe) wird, begleitet vom “Vortrab”, eine von innen beleuchtete Laterne vorangetragen, die kunstvoll mit einem meist das Leben der Stadt persiflierenden “Sujet” bemalt ist. Diese trommelnden und pfeifenden “Cliquen” sind phantastisch maskiert und wirken in den engen dunklen Gassen unheimlich und gespensterhaft. In den brechend vollen Wirtschaften kann, wer noch Platz findet, Mehlsuppe und Käse- sowie Zwiebelwähen (Kuchen) essen. Montag und Mittwoch nachmittags ziehen die “Cliquen” und “Guggenmuusige” (Blasmusiken, dem “Sujet” entsprechend maskiert, durch die Stadt. An beiden Abenden werden in den Wirtschaften “Schnitzelbänke” gesungen, die Ereignisse aus dem vergangenen Jahr oder Personen moritatenhaft aufs Korn nehmen. Der Dienstag gehört in erster Linie den Kindern und am Abend den “Guggenmuusige”.

Die ursprüngliche berühmte Basler Fasnacht hatte in der Reformation ihr Ende gefunden. Dann wurden ab 1540 am Montag nach der Alten Fasnacht die Wehrpflichtigen gemustert, worauf die Zünfte mit ihren Maskenfiguren umzogen und die Musterung in ein achttägiges Fest überging. Daraus hat sich die heutige Fasnacht entwickelt, in der das militärische Element noch da und dort sichtbar wird. Allen Widerständen (Kirche, Französische Revolution, Kriege) zum Trotz hat sie sich durchgesetzt und bildet heute ein heilsames Ventil, da sie dem sonst eher zurückhaltenden Basler erlaubt, in einer für den Fremden verblüffenden Art und Weise aus sich herauszugehen. Wer die Fasnacht in Basel besuchen will, tut gut daran, sich durch Einheimische begleiten und informieren zu lassen. Wer rheinländischen Karneval oder süddeutschen Fasching gewöhnt ist, muß damit rechnen, entweder mit der Basler Fasnacht nichts oder nach deren Entdeckung mit den gewohnten Bräuchen nichts mehr anfangen zu können.

Stadtgeschichte

Vorchristliche Zeit. In der zweiten Hälfte des 1. Jhs. v. Chr. bestand auf dem Münsterhügel ein Keltisches Oppidum, von dem ein Wall in der Rittergasse aufgefunden wurde. Durch die Nachbarschaft zu der 44 v. Chr. gegründeten Römerstadt Augusta Raurica entwickelte sich 15 v. Chr. auf dem heutigen Basler Münsterhügel eine römische Militärstation.

1.–10. Jahrhundert. Nachdem dieses strategisch günstig gelegene Lager 259–260 von den Alemannen zerstört worden war, befestigten die Römer ihre Rheinlinie erneut und damit auch den Basler Münsterhügel. Der Name "Basilea" für die Siedlung wird 374 n. Chr. erstmals erwähnt. Nachdem bereits im 4. Jh. das Christentum eingeführt worden war und die Römer sich 401 nach Italien zurückgezogen hatten, verlegte man den Bischofssitz anfangs des 7. Jhs. auf den Basler Münsterhügel. Parallel zu der hier anwachsenden Bischofsstadt entwickelte sich in der Talstadt eine Handwerkersiedlung, mit einem von Handel und Gewerbe lebenden Bürgerstand. 917 zerstörten ungarische Reiterheere die Stadt und das karolingische Münster.

11.–13. Jahrhundert. Kaiser Heinrich II. übernahm die Stadt von König Rudolf III. von Burgund als Pfand und förderte den Neubau

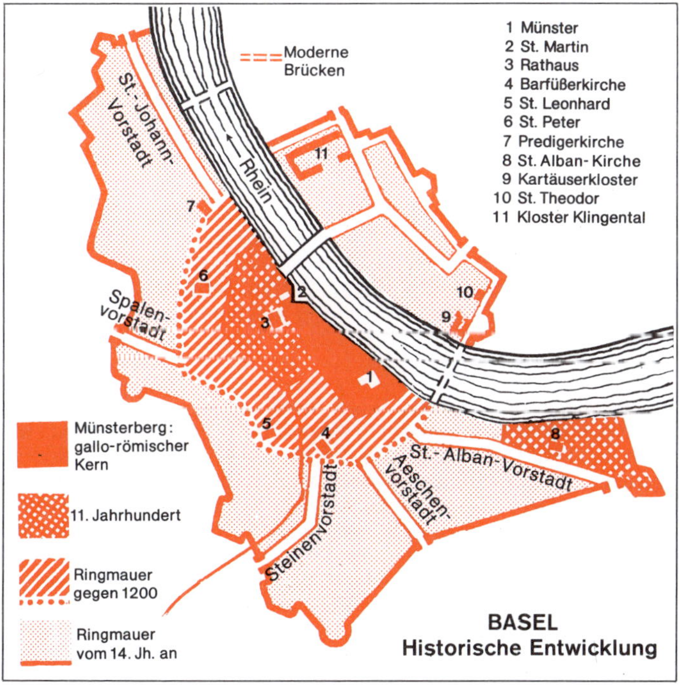

des Münsters. Die weltliche Herrschaft des Bischofs über die Stadt wurde von ihm 1006 wiederhergestellt. Ende des 11. Jhs. umzog Bischof Burkhard die Stadt mit einem Mauerring und legte 1083 das St.-Alban-Tal mit dem Kloster an. Der Bau der ersten hölzernen Rheinbrücke (vollendet 1226) förderte den Fernverkehr und mit ihm die Entwicklung zur reichen Handelsstadt. Jahrhundertelangen Einfluß erhielten die Zünfte, als deren erste 1226 die der Kürschner gegründet wurde. Bauleute und Metzger folgten 1248. Die zunehmende Selbständigkeit der Bürgerschaft, die am Ende des 12. Jhs. einen Rat erhielt, bekundete sich in zunächst vergeblichen, später aber erfolgreichen Versuchen, der Herrschaft des Bischofs ein Ende zu bereiten.

14.–15. Jahrhundert. Das 14. Jh. brachte allerhand Unheil über die Stadt: 1348 die Beulenpest (worauf man die Juden der Stadt als vermeintlich Schuldige auf der Rheinsandbank in ein Holzhaus trieb und es anzündete), 1356 das große Erdbeben und der Großbrand, denen der größte Teil der Bauten zum Opfer fiel. 1392 verkaufte der Bischof das rechtsrheinische Kleinbasel an Basel und 1386–98 wurde die Ringmauer um alle Vorstädte vollendet. Das Basler Konzil 1431–48 hatte das Ziel, die Kirche zu erneuern und zu festigen, führte aber auch u. a. 1432 zur Einrichtung von drei zusätzlichen Bordellen. 1444 setzten sich die Eidgenossen gegen den Dauphin von Frankreich mit seinen Armagnaken vor der Stadt bei St. Jakob äußerst verlustreich zur Wehr. Durch die österreichische Niederlage bei Sempach 1386, die für die Eidgenossen siegreichen Burgunderkriege (1474–77) und schließlich den erfolgreichen Schwabenkrieg 1499 gegen Kaiser und Reich errangen die Schweizer im Frieden von Basel (1499) die Selbständigkeit. – Einen Markstein im Geistesleben der Stadt setzte 1460 die Gründung der Universität (→ S. 59), die im Laufe der Jahrhunderte große Gelehrte anzog und Basel zu einem Zentrum der frühen Buchdruckerkunst und des Humanismus machte.

16. Jahrhundert. 1501 trat Basel der Eidgenossenschaft bei und baute sich 1504–14 in stolzem Selbstgefühl am Marktplatz ein neues Rathaus. 1513 kaufte die Stadt das Dorf Bettingen, 1522 das Dorf Riehen. 1523 führte Johann Oekolampad die Reformation in der Stadt ein. Der durch sie 1529 heraufbeschworene Bildersturm zerstörte in den Kirchen viele Kunstwerke. Der katholische Bischof verlegte seine Residenz endgültig in den Juraort Pruntrut, 1828 nach Solothurn. Aufnahme in Basel fanden zwischen 1540 und 1640 die aus ihrer französischen, italienischen oder niederländischen Heimat vertriebenen Protestanten, sofern sie vermögend oder kunstfertig waren. Die Glaubensflüchtlinge führten die Seidenbandweberei sowie die Stoffärberei ein, die der Stadt später Reichtum brachten.

17.–18. Jahrhundert. Im Westfälischen Frieden 1648 erreichte der Basler Bürgermeister Johann Rudolf Wettstein die formelle Unabhängigkeit der Eidgenossenschaft vom deutschen Reich. 1777 gründete Isaak Iselin die "Gesellschaft zur Aufmunterung und Beförderung des Guten und Gemeinnützigen Basel" (GGG). 1798 brachte Peter Ochs die Schweiz unter den Einfluß der französischen Revolutionsideen, doch die Helvetische Republik, der auch Basel angehörte, hatte nur kurzen Bestand.

19. Jahrhundert. 1833 trennten sich Stadt und Landschaft nach kriegerischen Auseinandersetzungen und der bis dahin gemeinsame Kanton wurde in die beiden heute noch bestehenden Halbkantone geteilt. Für Basel brachte die mit der Trennung vorgenommene Teilung des Kantonsgutes eine Finanzkrise, die man aber mit Gemeinsinn meisterte. Dadurch entwickelte sich die Stadt zu einem eigenen kleinen Staatswesen mit ausgeprägten Besonderheiten. Um die Mitte des Jahrhunderts brach das technische Zeitalter an: 1844 wurde Basel an die Eisenbahn aus dem Elsaß – durch ein eigens dafür in die Stadtmauer gebrochenes Eisenbahntor – angeschlossen und ein Jahr später wurde die erste Briefmarke mit dem anmutigen Basler Täubchen gedruckt. Ab 1852 brach man die Stadtmauern nieder und legte in ihrem Vorfeld neue Quartiere an, die Basel bis zum Ende des Jahrhunderts fast bis zur heutigen Ausdehnung wachsen ließen.

20. Jahrhundert. An Stelle der den Reichtum der Stadt seit Jahrhunderten begründenden Seidenbandweberei trat allmählich die aus Färbereien entstandene chemisch-pharmazeutische Industrie, die heute für Basel der wichtigste Wirtschaftsfaktor ist. Der Ausbau der Verkehrswege verlief in Stufen: ab 1906 Bau der Hafenanlagen, ab 1946 Anlage des Flughafens Basel-Mulhouse und ab den sechziger Jahren Anschluß an das deutsche und schweizerische Autobahnnetz. Das Wachstum machte an der Stadtgrenze nicht halt und heute ist Basel Zentrum der südlichen Region am Oberrhein mit nahezu 1 Mio. Bewohnern.

Basler Persönlichkeiten

Die nachstehende Liste vereinigt Persönlichkeiten, die durch Geburt oder Teile ihres Lebenswerkes mit Basel verbunden sind. Die Reihenfolge ergibt sich aus dem Geburtsjahr. Geburts- oder Sterbeort ist Basel, wenn nicht anders angegeben.

Johann Froben, *um 1460 in Hammelburg/Franken, † 1527. Buchdrucker und Verleger, Freund des Erasmus von Rotterdam.

Erasmus von Rotterdam, eigentlich Gerhard Gerhards, *1466 oder 1469 in Rotterdam, † 1536. Humanist und Philologe; lebte 1521–29 und seit 1535 in Basel, zeitweise bei Johann Froben, dem Drucker seiner Werke; Grab im Münster.

Johann Oekolampad, eigentlich Johannes Hü(eu)ßgen, *1482 in Weinsberg, † 1531. Seit 1518 kath. Geistlicher in Basel, Schüler Reuchlins. Nach Aufenthalten in Augsburg, dem Kloster Altmünster und der Ebernburg wurde er von Luthers Anschauungen erfaßt, kehrte 1522 als Professor und Pfarrer nach Basel zurück und führte die Reformation ein. Im Abendmahlstreit stand er auf der Seite Zwinglis und vertrat diesen Standpunkt 1529 in Marburg bei einem Streitgespräch mit Luther und Melanchthon.

Urs Graf, *um 1485 in Solothurn, † 1529. Goldschmied, Maler, Graphiker; seine Zeichnungen schildern das Leben der Landsknechte.

Theophrastus von Hohenheim, genannt Paracelsus, *1493 bei Einsiedeln, † 1541 in Salzburg. Er kam nach Studien in Ferrara 1526 von Straßburg nach Basel, wo er 1527 zum Stadtarzt und Hochschullehrer berufen wurde. Paracelsus hatte sich von der traditionellen Medizin abgewendet und verließ 1528 die Stadt nach einem Streit mit der medizinischen Fakultät.

Hans Holbein d. J., *1497 in Augsburg, † 1543 in London. Maler und Zeichner; 1514–26 und 1528–31 lebte er in Basel, ab 1536 Hofmaler des englischen Königs Heinrich VIII.; sein berühmtes Bild des toten Christus (1522) hängt im Basler Kunstmuseum.

Thomas Platter, *1499 in Grächen, † 1582. Stieg vom Geißhirten zum Buchdrucker und ersten Rektor der Basler Lateinschule auf; seine Selbstbiographie vermittelt ein gutes Bild des 16. Jhs.

Andreas Vesalius, *1514 in Brüssel, † 1564. Begründer einer auf Sektionsbeobachtungen fußenden Anatomie. Er präparierte das berühmte Skelett in der Anatomischen Sammlung. 1561 wurde er Leibarzt des Königs Philipp II. von Spanien, kam 1564 nach Venedig und starb im gleichen Jahr auf der Mittelmeerinsel Zonta bei einer Pilgerfahrt ins Heilige Land.

Basilius Amerbach, * 1533, † 1591. Jurist und Begründer des Amerbachschen Kabinetts, einer Kunstsammlung, aus der später das Kunstmuseum hervorging.

Felix Platter, * 1536, † 1614. Mediziner, Stadtarzt; als erster teilte er Krankheiten nach den Symptomen und nicht mehr nach befallenen Körperteilen ein; erforschte Infektionskrankheiten und Epidemien (Pest).

Matthäus Merian d. Ä., * 1593, † 1650 in Schwalbach. Maler und Kupferstecher, ab 1624 in Frankfurt am Main als Verleger. Merian schuf eine Folge von Stadtansichten ("Theatrum Europaeum"), die ein zuverlässiges Bild deutscher und europäischer Städte im 17. Jh. liefern.

Johann Rudolf Wettstein, * 1594, † 1666. Schweizerischer Staatsmann und Bürgermeister von Basel; er erwirkte als Vertreter der Eidgenossenschaft im Westfälischen Frieden die endgültige Unabhängigkeit der Schweiz vom Deutschen Reich.

Jacob Bernoulli, * 1654, † 1705. Mathematiker, seit 1687 Professor der Mathematik in Basel; er hielt seit 1683 ein Collegium experimentale ab, beschäftigte sich mit der Infinitesimalrechnung, förderte die Wahrscheinlichkeitsrechnung und schuf die Bezeichnung Integral.

Johann Bernoulli, * 1667, † 1748. Mathematiker; er gab den Anstoß zur Entwicklung der Variationsrechnung und seinen Satz "Von der Erhaltung der lebendigen Kräfte" wandte er auf mechanische Probleme an. Die Familie Bernoulli war 1570 wegen der Protestantenverfolgung aus Antwerpen über Frankfurt nach Basel gekommen und brachte eine ganze Reihe von Mathematikern hervor.

Leonhard Euler, * 1707, † 1783 in St. Petersburg. Berühmter Mathematiker, Schüler des Johann Bernoulli; er entwickelte eine analytische Methode zur Lösung mechanischer Probleme, arbeitete in der Theorie der Differentialgleichungen, der Zahlentheorie, der Koordinatengeometrie und ist der eigentliche Schöpfer der Variationsrechnung (→ S. 118).

Isaak Iselin, * 1728, † 1782. Philosophischer Schriftsteller; er gründete die "Gesellschaft zur Beförderung des Guten und Gemeinnützigen", war Mitbegründer der Helvetischen Gesellschaft und Freund Pestalozzis.

Peter Ochs, * 1752 in Nantes, † 1821. Politiker und Geschichtsschreiber, ab 1782 Ratsschreiber in Basel, ab 1796 Oberstzunftmeister. Als Anhänger der Französischen Revolution förderte er Reformen und erstellte 1797–98 im Auftrag Napoleons eine Verfassung für die Helvetische Republik, deren Senat und Direktorium er angehörte; ab 1803 im Rat von Basel.

Johann Peter Hebel, * 1760, † 1826 in Schwetzingen. Schriftsteller, Verfasser gemütvoller volkstümlicher Erzählungen, Gedichte und Anekdoten in Mundart: "Alemannische Gedichte" (1803), "Der Rheinische Hausfreund" (1808–11, 1813–15, 1819), "Schatzkästlein des Rheinischen Hausfreundes" (1811). Schlichtheit, Frömmigkeit, Grundeinfalt und Humor verschafften seinen Werken Weltruhm. Hebels Eltern lebten als Bedienstete des Basler Patriziers Iselin im Sommer in Basel; im Winter in Hausen im Wiesental, wo Hebel in die Dorfschule ging; später Besuch des Gymnasiums in Basel, der Lateinschule in Schopfheim und des Pädagogiums in Lörrach. Studium der ev. Theologie in Karlsruhe und Erlangen; Theologe und Pädagoge in Erlangen. Das von ihm gedichtete Lied "z'Basel an mym Rhy" gilt als "Basler Nationalhymne".

Carl Gustav Jung, * 1794, † 1864. Professor für Anatomie und Chirurgie von 1822–64 in Basel, Vorfahre des bekannten Psychologen.

Christian Friedrich Schönbein, * 1799 in Metzingen/Württ., † 1868 in Baden-Baden. Chemiker, ab 1828 Professor in Basel; entdeckte 1839 das Ozon, erfand die Schießbaumwolle und das Kollodium, ein Gemisch von Nitrocellulose, Alkohol und Äther, das man als künstliche Haut über Wunden zog.

Melchior Berri, * 1801, † 1854. Bedeutender Architekt des Klassizismus; in Basel erbaute er das Museum an der Augustinergasse, das heutige Antikenmuseum und das Gemeindehaus in Riehen.

Johann Jakob Bachofen, * 1815, † 1887. Kulturhistoriker, 1841 Professor für röm. Recht, 1843 Appellationsrat. Bachofen gab eine romantische Deutung der antiken Mythologie und Symbole; er gilt als der Entdecker des Mutterrechts, einer frühgeschichtlichen Familienform, auf der das Matriarchat heutiger Prägung fußen soll.

Jacob Burckhardt, * 1818, † 1897. Kunst- und Kulturhistoriker, ab 1858 Professor in Basel. Bekannt sind sein zum Verständnis der italienischen Kunstwerke anleitender "Cicerone" und sein Hauptwerk die "Kultur der Renaissance in Italien". Jacob Burckhardt bezeichnete die Macht als böse an sich.

Johann Jakob Stehlin d. J., * 1826, † 1894. Architekt des Historismus, Erbauer des Postgebäudes an der Rüdengasse, des Gerichtsgebäudes in der Bäumleingasse, des Hotels Schweizerhof, der Kaserne am Rheinufer in Kleinbasel, der Kunsthalle, des einstigen Stadttheaters, des Bernoullianums, des Musiksaales, des Steinenschulhauses und vieler Villen.

Arnold Böcklin, * 1827, † 1901 in San Domenico bei Fiesole. Maler. Ausbildung in Düsseldorf, Aufenthalte in Antwerpen, Brüssel, Genf und Paris, 1850–57 in Rom, 1866–71 in Basel; seine Themen entstammen vielfach der antiken Mythologie.

Andreas Heusler, * 1834, † 1921. Jurist, Professor für Deutsches Privatrecht und deutsche Rechtsgeschichte, Verfasser von Werken über die Verfassungsgeschichte Basels im Mittelalter und der Schweiz.

Friedrich Nietzsche, * 1844 in Rökken bei Lützen, † 1900 in Weimar. Sohn eines protestantischen Pfarrers. Bedeutendster und einflußreichster deutscher Philosoph der Jahrhundertwende. Von 1869–79 Professor für griechische Sprache und Literatur an der Universität Basel. Nach 1888 in zunehmender geistiger Umnachtung. Wegbereiter des modernen Atheismus ("Gott ist tot").

Carl Spitteler, * 1845 in Liestal, † 1924 in Luzern. Epiker, Erzähler, Lyriker und Essayist, der sich in der Nachfolge von Schopenhauer und Nietzsche von einem mythisch-heroischen Weltbild leiten ließ. Politisch trat er für die strikte Neuordnung der Schweiz ein und erhielt 1919 den Nobelpreis für Literatur.

Karl Jaspers, * 1883 in Oldenburg, † 1969. Philosoph, urspr. Psychiater; seit 1948 lebte er in Basel (bis 1961 dort Professor für Philosophie). Hauptvertreter der Existenzphilosophie; 1958 Friedenspreis des dt. Buchhandels.

Karl Barth, * 1886, † 1968. Reformierter Theologe, Wortführer der dialektischen Theologie, ab 1935 Professor in Basel. Karl Barth sah Gott als "den ganz Anderen", der den Gläubigen durch Christus offenbar werde.

Adolf Portmann, * 1897, † 1982. Zoologe, seit 1931 Professor in Basel; er beschäftigte sich mit der Entwicklungsgeschichte der Tiere und später mit der Entwicklung des Menschen im ersten Lebensjahr (Retardation).

Paul Hermann Müller, * 1899 in Osten, † 1965. Chemiker, er entdeckte die Wirkung von DDT als Kontaktgift gegen Insekten. 1948 Nobelpreis für Medizin.

Hermann Kesten, *1900 Podwoloczk (Polen), † 1996 Basel. Schriftsteller und Essayist, daneben Verdienste als unermüdlicher Förderer und Vermittler deutscher Literatur. Nach seiner Emigration 1933 pendelte er zwischen Europa und den USA, ehe er sich 1977 in Basel niederließ.

Paul Sacher, *1906, † 1999. Dirigent, Musiker und Mäzen. Als Gründer und Leiter des Basler Kammerorchesters und des Collegium Musicum Zürich hat er über Jahrzehnte hinweg die moderne Musikwelt mit Kompositionsaufträgen und Uraufführungen maßgeblich mitgestaltet. Als Gatte von Maya Sacher-Stehlin, der Erbin des Pharma-Konzerns Hoffmann-La Roche, entfaltete Paul Sacher eine unvergleichliche mäzenatische Aktivität in der Musik- und Kunstwelt.

DIE ALTSTADT

Stadtbesichtigung 1: Der Münsterhügel

Im Stadtbild tritt das ***Münster** mit seinen roten Sandsteinmauern, seinem bunten Dach und den beiden schlanken Türmen malerisch hervor. Der heutige Münsterhügel war von Kelten bewohnt, ehe die Römer hier im letzten Drittel des 1. Jhs. v. Chr. eine militärische Siedlung anlegten. Eine karolingische Kirche konnte in ihren Umfassungsmauern festgestellt werden. Von diesem Bau haben sich Bestandteile der Krypta erhalten. Sie wurde im Ungarnsturm 917 vernichtet. Im Jahr 1019 wurde dann hier eine große Bischofskirche geweiht, die von Kaiser Heinrich II. gefördert worden war. Der heutige Bau stellt im wesentlichen einen spätromanischen Neubau aus dem letzten Drittel des 12. Jhs. dar. 1356 suchte ein Erdbeben die Stadt heim, doch dank der guten Bauweise des Münsters stürzten nur Vierungsturm, Chorgewölbe und die Kronen der Türme ein. Bereits 1363 konnte der Hochaltar wieder geweiht werden. Ulrich von Ensingen, Erbauer der Münstertürme von Ulm und Straßburg, begann 1421 mit dem Ausbau des nördlichen Georgsturmes. Der Helm des südlichen Martinsturms wurde erst 1488–1500 von Hans von Nußdorf entworfen. Im 15. Jh. entstanden auch auf romanischer Grundlage die beiden heutigen, südlich angefügten Kreuzgänge. Bis zur Einführung der Reformation 1529 diente das Münster als bischöfliche Domkirche. Im Bildersturm von 1529 wurden der Hochaltar und ein großer Teil der Ausstattung zertrümmert. Der in den Sakristeigewölben verborgene, berühmte Münsterschatz blieb verschont; bei der Kantonsteilung 1833 verkaufte Basel-Landschaft seinen Anteil jedoch, weshalb nur einzelne Stücke im Basler Historischen Museum und andere Teile in Museen in Paris, New York, Leningrad und Berlin zu finden sind. Bei der Renovierung 1852–57 versetzte man den Lettner und schloß die Vierungskrypta. Bei der Wiederherstellung, die 1975 abgeschlossen wurde, setzte man den Fußboden wieder auf das ursprüngliche tiefere Niveau und machte die Reste der Vierungskrypta wieder zugänglich.

Die *Westfassade* mit den beiden Türmen wirkt geschlossen und fest. Sie gehört bis auf das Untergeschoß des nördlichen Georgsturmes, das bis zum Ende des 11. Jhs. zurückreicht, ganz der gotischen Bauperiode an. Der zierliche Oberbau des *Georgsturmes* mißt 64,2 m, der südliche, 1500 vollendete *Martinsturm* mißt 62,7 m Höhe. Einen genaueren Blick sind das feine Strebewerk und die vorspringenden Wasserspeier wert.

Die Bogenläufe des *HAUPTPORTALS* (1) zeigen außen Propheten, in der Mitte Rosen und innen tanzende Engel. Rechts des Portals Reste eines monumentalen Zyklus' der klugen und törichten Jungfrauen und der Fürst der Welt (spätes 13. Jh.), ein Junker, auf dessen Rücken Nattern und anderes Getier die Verderbnis symbolisieren. Er tändelt mit einer der törichten Jungfrauen, beide sind sehr sinnenfroh dargestellt. – Links sieht man den Förderer, Kaiser Heinrich II., ein Modell des Münsters im Arm, und die Kaiserin Kunigunde (spätes 13. Jh.). Weiter außen unter den Türmen der Hl. Georg (1371; Original im Stadt- und Münstermuseum), einen recht klein geratenen Drachen erstechend, und der Hl. Martin (14. Jh.), gleichfalls zu Pferde, der seinen Mantel für einen jetzt nicht mehr vorhandenen Bettler zerteilt. Über ihm eine mechanische Uhr und eine Sonnenuhr. Am Giebel des Mittelschiffs sieht man noch einmal die Figuren des Kaiserpaares und über ihnen thronend die Kirchenpatronin Maria mit dem Jesuskind.

Aus romanischer Zeit (12. Jh.) stammt die **GALLUSPFORTE* (4) an der nördlichen Fassade des Querschiffs, deren zahlreiche Figuren in archaischer Starrheit beeindrucken. Sie ist eines der ältesten Figurenportale im deutschsprachigen Raum. An den Seiten zwischen den schlanken Säulen sind die Evangelisten mit ihren Symbolwesen, rechts und links in sechs Tabernakeln Werke der Barmherzigkeit dargestellt. Darüber sind links Johannes der Täufer mit dem Lamm Gottes, rechts vielleicht der Evangelist Johannes zu sehen. Der Portalsturz zeigt die klugen und törichten Jungfrauen, darüber im Bogenfeld thronend Christus als Weltenrichter zwischen Petrus und Paulus, die ihm ein Stifterpaar anempfehlen. Über dem Portal rufen zwei Engel mit Fanfaren die aus den Gräbern steigenden und sich bekleidenden Toten zum Jüngsten Gericht. Das große Rundfenster über der Galluspforte symbolisiert das Glücks- oder Lebensrad und seinen Wankelmut; nur der obersten der kleinen Figuren wird das Glück zuteil.

Den *CHOR,* im Unterbau romanisch, zieren Rundbögen mit rankenreichen Kapitellen. Unter den Tiergestalten wirken die Elefanten besonders phantastisch. Unterhalb des Chorumgangs sind eine Reihe verzerrter Masken sowie groteske Gestalten von Menschen und Tieren zu finden. Der im Pflaster östlich des Chores eingelassene Grundriß markiert eine 1947 entdeckte Außenkrypta (5) des 9. Jhs.

Inneres (Besichtigung → S. 19): Der Kirchenraum, 65 m lang, 32,5 m breit, wirkt ruhig und hell; die farbigen unter den Glasfenstern entstammen größtenteils dem 19. Jh. Emporen begleiten Mittelschiff, Querhaus und Chor. Von den niedrigeren vier Seitenschiffen entstanden die beiden äußeren aus einer Reihe miteinander verbundener *Kapellen.* Den erhöhten Chor umzieht ein Umgang, darunter liegt die Krypta. Der heute als Orgelempore dienende gotische *Lettner* (6) trennte bis 1852 den Chor vom Langhaus. Vor der Kanzel ist in den Fußboden ein inkrustierter (aus farbigen Steinplättchen zusammengesetzter) "hinterlistiger Drache" (um 1170; 17) eingelassen. Unter der Bauplastik sind die spätromanischen *Säulenkapitelle* im Langhaus beachtenswert. Die an der Nordseite zeigen Vögel, fressende Ungeheuer und Löwen, die an der Südseite Vögel, Ungeheuer, Trauben, Werke der Barmherzigkeit, Palmetten, einen Bogenschützen und eine Sphinx. Hervorragend sind die figürlichen Kapitelle im Chorumgang, links beginnend mit dem Sündenfall, dann Verhör durch Gottvater, Vertreibung aus dem Paradies, Himmelfahrt Alexanders des Großen mit zwei Greifen, Dietrich von Bern befreit Sintram vom Drachen, Kampf Ritter gegen Ungeheuer, Thisbe stürzt sich über Pyramus ins Schwert, Abraham opfert Isaak, Abrahams Schoß und von Schlangen gequälte Menschen. Im Chorumgang befindet sich der Sarkophag der Anna von Hohenberg (26) und ihres Söhnchens Karl († 1276). Sie war die erste Gemahlin des Königs Rudolph von Habsburg, starb 1281 in Wien und wollte in Basel beerdigt sein. 1770 verlegte man ihre Gebeine ins Kloster St. Blasien; heute ruht sie in Österreich.

Von der Ausstattung fiel das meiste dem Bildersturm zum Opfer. Die kunstvoll verzierte hochgotische *Kanzel* (18) schuf Münsterbaumeister Hans von Nußdorf 1486 aus fünf Sandsteinblöcken. Im äußeren nördlichen Seitenschiff trifft man auf *Grabmale,* unter denen die der Ritter, u. a. Rudolph von Tierstein († 1318; 12), in ihrer kühlen Ruhe mit den wachenden Löwen und Hunden gefallen, sowie auf die Grabtafel des 1536 in Basel verstorbenen Humanisten Erasmus von Rotterdam (16). In der Nähe die *Vincentiustafel* (15) aus dem 11. Jh. mit 8 Szenen von der Marter und dem Tod des heiligen Vinzenz von Saragossa. Der *Taufstein* (22) im südlichen Querhaus ist von 1465, der steinerne *Bischofsthron* (23) entstand um 1380. Die *Aposteltafel* (19) im äußeren südlichen Seitenschiff entstammt wie auch die Vincentiustafel dem 11. Jh., beide vielleicht vom gleichen Meister. Sie zeigt Petrus, Johannes, Bartholomäus, Jacobus, Simon und Judas. Das *Chorgestühl,* das jetzt am Eingang (6), in der Vierung (8) und im Chor (21) aufgestellt ist, stammt aus dem späten 14. Jh.

Die *KRYPTA* (28), in die man zu Seiten des Chores hinabsteigt, birgt die Gräber von Basler Bischöfen des 10.–13. Jhs. sowie Grabplatten weiterer Persönlichkeiten. Die romanischen Pfeilerfriese zeigen die Fabel vom kranken Löwen, der dem Wolf auf Anraten des Fuchses das Fell abzieht, sowie Hirschjagd, Sauhatz und Jäger mit Hund. In den um 1400 geschaffenen *Deckenfresken* erkennt man Szenen aus den Jugendjahren Jesu, aus dem Leben der Maria, des heiligen Martin von Tours und der heiligen Margarethe. Lebensgroße romanische Bischofsgestalten zu beiden Seiten des ehemaligen Marienaltars werden durch eine Inschrift auf 1202 datiert. Links Lütold von Arburg, der Vollender des heute noch zum großen Teil stehenden spätromanischen Münsterbaus. Auf der rechten Seite der Altarnische, gleichfalls durch Inschrift beglaubigt, Bischof Adalbero, vielleicht der zweite des Namens und somit der Erbauer des 1019 geweihten Vorgängerbaus. Das Altarhaus hatte bis zum Erdbeben 1356 eine eng begrenzte Plattform, die wie eine Insel aus der Chorpartie herausragte. Um sie herum führte ein offener Ab- und Umgang in die Krypta. Die in Europa als einmalig zu bezeichnende Anlage wurde nach dem Erdbeben verändert, indem der Boden bis an die Außenmauer fortgeführt wurde. Dies geschah zum Teil, um Platz für neue Altäre zu gewinnen, aber auch aus statischen Gründen, um das durch das Erdbeben locker gewordene Gemäuer stärker zu verspannen. In der Vierungskrypta sieht man ein Lapidarium, d. i. eine Sammlung von Steinfiguren, und die jüngst freigelegten Mauern von Vorgängerkirchen.

Sehr lohnend ist die **Turmbesteigung** (Zugang im Inneren durch den südlichen Turm; März bis Oktober). Auf steiler Treppe passiert man zunächst das mechanische Werk der

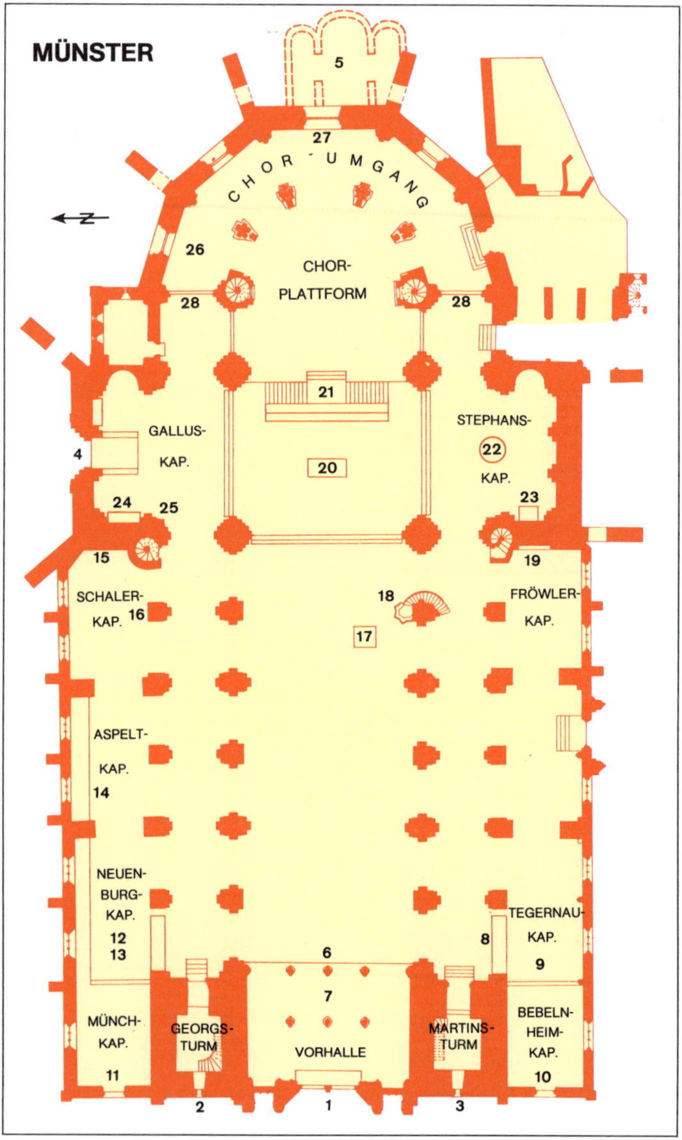
MÜNSTER
5
27
CHOR - UMGANG
26
CHOR-
PLATTFORM
28
28
21
STEPHANS-
22
KAP.
GALLUS-
KAP.
4
20
24
25
23
15
19
SCHALER-
KAP.
16
18
FRÖWLER-
KAP.
17
ASPELT-
KAP.
14
NEUEN-
BURG-
KAP.
12
13
TEGERNAU-
KAP.
8
9
6
7
MÜNCH-
KAP.
11
GEORGS-
TURM
VORHALLE
MARTINS-
TURM
BEBELN-
HEIM-
KAP.
10
2
1
3

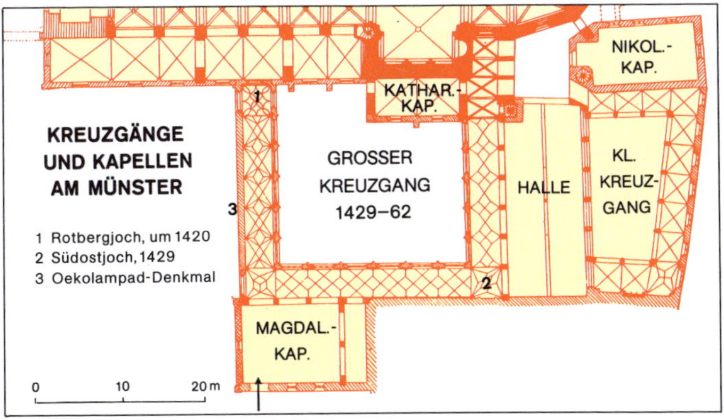

Turmuhr (1883) und erreicht dann über eiserne und hölzerne Stiegen den *Glockenstuhl* und eine beide Türme verbindende Galerie. Weitere Aufstiege sind möglich über enge Wendeltreppen sowohl im Martins- als auch im Georgsturm, dessen Maßwerkhelm man auf einer Plattform von innen betrachten kann. Großartig ist der **Ausblick* über das steinerne Zierwerk der Türme, das bunte, in geometrischen Mustern gedeckte Münsterdach (die gefärbten Glasurziegel, eine alte Basler Tradition, sind von 1880), die Dächer der Altstadt, den Rhein mit seinen Brücken, Fähren und "Weidlingen" (Nachen), die an der Peripherie gelegenen Hochhäuser des modernen Basel und die Ausläufer von Schwarzwald und Jura.

Der doppelte *KREUZGANG* (Zugang Rittergasse) an der Südseite des Münsters wurde im 15. Jh. in spätgotischem Stil angefügt. Die Wände decken zahlreiche schöne Grabplatten berühmter Basler Geschlechter, darunter die des Mathematikers Jacob Bernoulli (1654–1705), des Bürgermeisters Rudolf Wettstein (1594–1666), des Philosophen Isaak Iselin (1728–82) und des Humanisten Thomas Platter (1499–1582). In der Nähe des Eingangs zum Kreuzgang an der Südseite des Münsters findet man ein Standbild (Mitte 19. Jh.) des Reformators Johann Oekolampad (1482–1531), der hier auch begraben liegt.

---

1 Hauptportal, um 1300
2 St. Georg
3 St. Martin
4 Galluspforte, 12. Jh.
5 Außenkrypta, 9. Jh.
6 Ehem. Lettner, 1381
7 Orgel, 1955
8 Chorgestühlfragmente, um 1375
9 Grabnische W. v. Klingen, + 1380
10 Grabplatte H. v. Flachslanden, + 1353
11 Grabmonumente H. u. J. Münch, 14. Jh.
12 Grabmal R. v. Tierstein, + 1318
13 Grabanlage, Th. v. Ramstein, + 1367
14 Prälaturgräber Conflens u. de la Capra
15 Vincentiustafel, 11. Jh.
16 Grabtafel Erasmus v. Rotterdam, + 1536
17 Drachentondo, um 1170
18 Kanzel, 1486
19 Aposteltafel, 11. Jh.
20 Abendmahltisch, 1580
21 Chorgestühl (um 1375) als Lettner
22 Taufstein, 1465
23 Bischofsthron, 1380
24 Grabstätte G. v. Andlau, + 1466
25 Grabstätte Kath. v. Baden, + 1385
26 Grab Anna von Habsburg, 1281
27 Wandbild und Weiheinschrift von 1202
28 Kryptazugänge

Der Pfalz genannte Teil östlich des Münsterchores fällt steil zum **Rhein** ab, den man von der Terrasse überblicken kann. Unten an dem über Treppen erreichbaren Flußufer geht die *Münsterfähre* nach Kleinbasel ab (Überfahrt 1,20 Fr.). Das schmucke Fährboot heißt "Leu" (= Löwe), ist an einem über den Fluß gespannten Seil eingehängt und wird nur durch die recht starke Strömung, dem Parallelogramm der Kräfte entsprechend, von Ufer zu Ufer getrieben. Lohnender Rückblick auf den Münsterchor und die Großbasler Rheinfront. Fünf solcher Fähren verkehren auf dem Rhein, vier in Basel, eine in Ellikon. – Der Rhein war früher eine Wanderstraße für Fische. Noch 1880 zogen Schwärme von Maifischen ("Eltzer"), die dem Hering verwandt sind, von der Nordsee bis zu den Stromschnellen von Laufenburg. Auch große Störe wurden gefangen. 1878 fischte man noch 4500 Lachse aus dem Basler Rhein und 1689 hatte sich sogar ein Schwertwal nach Basel verirrt.

Den **Münsterplatz** umgibt eine Reihe stattlicher einstiger *Domherrenhöfe,* die ihre noblen Barockfassaden mit den großen Holztoren in der Mitte des 18. Jhs. erhielten. Nr. 14–17 wurden 1765–70 nach Plänen J. J. Fechters umgebaut. Spätmittelalterlich sind noch die *Fachwerkhäuser* Nr. 6 und 7, die einst Sitz des bischöflichen Richters waren. Im Haus Nr. 4 ist seit 1986 die *Paul-Sacher-Stiftung* mit Archiv und Forschungsstätte für Musik des 20. Jhs. sowie der weltweit größten Privatsammlung von Originalpartituren und Nachlässen zeitgenössischer Komponisten untergebracht. – Inmitten des teils von Kastanien beschatteten Platzes steht seit 1784 ein klassizistischer *Brunnen* von Paolo Antonio Pisoni.

Von der Nordwestseite des Münsterplatzes führt der *Schlüsselberg* zum stattlichen **Haus zur Mücke** (1545) mit einem von Löwen gehaltenen Stadtwappen über dem Portal. Im 4. Jh. n. Chr. lag hier die Nordwestecke des spätrömischen Kastells, das den Münsterhügel bedeckte. Vom 13.–15. Jh. diente der Vorgänger des heutigen Baues als Trinkstube der Ritter; 1439 während des Basler Konzils wählte das Konklave hier den Papst Felix V. Das 1545 erbaute Haus diente bis 1650 als Tuchlager und Kornspeicher, von 1671–1849 waren dort die öffentlichen Kunstsammlungen und die Universitätsbibliothek eingerichtet und seit 1862 dient es als Schulhaus. Im Schulhof rechts unter den Arkaden findet man ein großes Wandbild mit modernen Jagdszenen, in den Gewölben 12 Sternzeichen mit charakterisierenden Sprüchen. Bergab am Schlüsselberg Nr. 3 diente das *Haus Zum kleinen Venedig* als Quartier der venezianischen Kaufleute, zu erkennen am Relief mit dem Markuslöwen (1465).

In der *Augustinergasse* haben sich Häuser des 15. und 16. Jhs. erhalten. Im barocken Nr. 19, dem *Augustiner-Hof,* hat das Schweizerische Institut und Seminar für Volkskunde seinen Sitz. Den großen spätklassizistischen Bau *Nr. 2* errichtete der Basler Architekt Melchior Berri (1801–54) als Museum; die Baukosten betrugen 250 000 Franken. Berri war Schüler Friedrich Weinbrenners und studierte in Holland, Paris und Oberitalien. Er gilt als einer der bedeutendsten klassizistischen Baumeister der Schweiz. Der Figurenfries am Dach (J. J. Oechslin; 1846) zeigt allegorische Gestalten. Zu erkennen sind die Künste, die Gerechtigkeit, Mildtätigkeit, Religion, Frieden, Gewerbefleiß und Technik. Seit dem Auszug der Universitätsbibliothek, der naturwissenschaftlichen Institute und der Kunstsammlungen besitzen das Naturhistorische Museum und das Museum für Völkerkunde/Schweizerische Museum für Volkskunde den Bau für sich allein.

Das **Naturhistorische Museum** (Öffnungszeiten → S. 17), das auf ein Naturalienkabinett des 18. Jhs. zurückgeht, besitzt umfangreiche Bestände, die teils als Wechselausstellungen, teils als permanente Präsentationen zu sehen sind. Besonders bedeutend ist der "homo Oreopitecus", Überreste eines Frühmenschen, der in einem toskanischen Bergwerk gefunden wurde. In der Gesteinssammlung der Schweiz sind die Kristalle mit ihren bizarren Formen auffallend; prächtig anzuschauen sind aber auch die dunklen Rauchquarze zum Beispiel aus dem Zinggenstock- und dem Tiefengletschergebiet. Wer sich genauer mit Mineralien beschäftigen will, kann ein Teil durch Vergrößerungsgläser betrachten. Gesteine aus den Vogesen, dem Schwarzwald und dem Kaiserstuhl ergänzen die Ausstellung. Auch die Säugetierabteilung ist so aufgebaut, daß Laien genau so viel vom Rundgang haben wie Forscher und Leute, die es einmal werden wollen. Selten gewordene Tiere stehen neben alltäglichen; Beispiele aus dem Inland wechseln mit solchen aus dem Ausland ab. Unter den Fossilien sieht man Skelette ausgestorbener, wie noch lebender Tierarten; die Zoologieabteilung widmet sich Tieren der ganzen Welt. Die Ausstellung Vögel wurde 1977 eröffnet und zeigt eine vollständige Sammlung.

NAUTILUS IM SCHNITT

Das ***Museum der Kulturen Basel** beherbergt die größten Sammlungen der Schweiz zum Leben in europäischen und außereuropäischen Kulturen. Vor allem seine Südsee-, Altamerika- und Textilsammlungen besitzen Weltruf (Öffnungszeiten S. 17). Das Kulthaus der Abelam aus Papua Neuguinea, die kostbaren Holzreliefs zweier

Mayatempel aus Guatemala oder Geistermasken aus Kamerun sind dabei besonders eindrucksvolle Objekte. Vielfalt rund um Lebensweise, Religion, Kunst und soziales Miteinander zeigen die Abteilungen Südsee, Indonesien, Amerika oder Afrika. Neu präsentieren sich die international bedeutende Textilsammlung sowie die Dauerausstellung zu Urgeschichte und Ägypten. 2001 wurde die Ausstellung "Tibet – Buddhas, Götter, Heilige" eröffnet. Es handelt sich dabei um die Präsentation der bedeutendsten Sammlung tibetischer Kunst und Kultobjekte in Europa.

Vor mehr als 100 Jahren wurde das Museum gegründet für all die Schätze, die Forscher, Reisende und Kaufleute aus aller Welt nach Basel brachten. Seit Beginn des 20. Jhs. wurden die Sammlungen vor allem auf museumseigenen Expeditionen angelegt und dokumentiert, so daß der Besucher die Objekte, ergänzt durch Texte, Fotos, Kataloge und audiovisuelle Medien in ihrer Funktion und Bedeutung in der Gesamtkultur einer außereuropäischen oder europäischen Bevölkerungsgruppe verstehen lernt. Geographische Schwerpunkte in Sammlung und Ausstellung des Museums der Kulturen, das eine Viertelmillion Gegenstände besitzt, bilden Alltags-, Kunst- und Kultgegenstände aus der Südsee. Die zur Zeit geschlossene Europa-Abteilung beinhaltet schwerpunktmäßig Dokumente der Alltagskultur. Im Jahr 2004 werden die Schätze dieser Abteilung in einer neuen Dauerausstellung präsentiert.

Die Sonder- und Dauerausstellungen des Museums begleiten Führungen, Workshops, Vorträge, Konzerte, Lesungen, Gespräche, Märkte und Feste. In Zusammenarbeit mit Partnern aus dem In- und Ausland entstehen zudem Vermittlungsprojekte, die den Dialog zwischen den Kulturen fördern. Eine Auswahl von Kunsthandwerk aus den Partnerländern sowie weitere Artikel bietet der Museumsshop an.

Stadtbesichtigung 2: Das Zentrum der Altstadt

Die *Martinsgasse* zweigt an den Museen in der Augustinergasse nach links ab zur Martinskirche. Auf der rechten Seite fallen zwei 1763–70 von Samuel Werenfels errichtete Patrizierhäuser besonders auf, obwohl ihre Schaufassaden gegen den Rhein gerichtet sind: das *Weiße Haus* (Wendelsdörfer Hof) und das *Blaue Haus* (Reichensteiner Hof). Das Blaue Haus hat einen schönen Hof, den ein kunstvolles Gitter zur Gasse abschließt. Die Anwesen gehörten den Bandfabrikanten Lukas und Jakob Sarasin und bildeten ein Zentrum des Basler Musiklebens; Kaiser Franz von Österreich und "Graf Cagliostro" waren hier unter anderen zu Gast. Das **Staatsarchiv** gegenüber wurde 1899–1903 von Eduard Vischer und Eduard Fueter in neugotischer Form an der Stelle einer Hofstatt der Edlen von Eptingen zu St. Martin errichtet. In den Bau wurden viele alte Objekte eingefügt, so auch das schmiedeeiserne Gitter im Hof (Mitte 18. Jh.), das vom Reinacher Hof in der St.-Johanns-Vorstadt stammt. Die düsteren Fresken im Arkadengang malte Heinrich Altherr; sie sollen "Den Unentwegten", "Den Lichtbringer", "Den Künder" und "Die Wanderer" verkörpern. Außen am Archivbau sind einige launige Tierfiguren wie Kröte, Hund, Schwein, Affe zu finden, innen im Treppenhaus alte Stadtpläne von Basel sowie eine Holzbank des 17. Jhs. und im Benutzersaal Portraits des 16.–18. Jhs. Unter den Beständen des vom Kanton Basel-Stadt unterhaltenen Staatsarchivs haben eine Serie von elf Goldbullen, silbervergoldeten Siegelschalen und Kapseln (1218–1810) sowie die Wappenbücher besonderen Wert. Neben etwa 25 000 Pergamenturkunden ab Anfang des 12. Jhs. gibt es eine Sammlung von Bildern, Photos, Siegeln und Wappen. Vom Staatsarchiv kann man direkt in den Hof des Rathauses hinabsteigen. – Der *Sevogelbrunnen,* der neben dem Staatsarchiv auf dem Martinskirchplatz steht, stammt vom alten Kornmarkt. Hans Dobel schuf seinen Geharnischten 1546–47 anstelle einer Kriegergestalt Martin Hoffmanns (1530) der seinerseits einen Christophorus ersetzt hatte.

Der heutige Bau der nahen **Martinskirche,** einer der ältesten Pfarrkirchen von Basel, stammt aus der zweiten Hälfte des 14. Jhs., nur die unteren Teile von Turm und Chor hatten das Erdbeben von 1356 überstanden. Anfang des 16. Jhs. unterrichtete der spätere Reformator Ulrich Zwingli zu St. Martin Latein und 1525 wurde der Reformator Oekolampad (→ S. 36) hier Leutpriester. Den Friedhof hob man 1814 auf. Im Dachreiter hängen die alten Ratsglocken, die heute noch die Herbstmesse ein- und ausläuten. Heute ist die Kirche profaniert und dient wegen ihrer guten Akustik für Konzerte. Das dreischiffige Innere wird durch flache Holzdecken abgeschlossen. Auffallend sind die zahlreichen barocken

Epitaphien an den Wänden. Die 1928 freigelegten *Wandbilder* (um 1370) zum Teil in den Grabnischen zeigen den Ölberg, die Himmelfahrt Christi und den Marientod; über dem Triumphbogen ist der Tod als Schnitter zwischen dem Hl. Martin und dem Hl. Laurentius dargestellt. Die Reste der Wandbilder im gotischen Chor zeigen Maria mit dem Apostel Johannes und die Hl. Katharina. Die *Orgel,* die 1851 aus dem Münster in die Martinskirche kam, hat ein besonders schönes Eichengehäuse von J. J. Brosi, das wie die gesamte Kirche 1982–84 renoviert worden ist. – Das *Elftausendjungfern-Gässlein* nördlich der Kirche soll die heilige Ursula auf der Wallfahrt nach Rom mit ihren Gefährtinnen hinaufgestiegen sein.

Der *Rheinsprung* setzt die Augustinergasse nach Nordwesten fort. An seinem Anfang steht rechts der *Augustinerbrunnen* (um 1530) mit einem das Stadtwappen haltenden Basilisken (Drachen mit Hahnenkopf und Schlangenschwanz) auf der Brunnensäule. Rechts folgen das niedere Gebäude des *Mathematischen Instituts* der Universität und das *Pfründenhaus des St.-Oswald-Altars* (1487). Von hier aus schöner freier Blick auf den Rhein. Links noch einmal das Weiße und das Blaue Haus (s. o.) mit ihren barocken Rheinfassaden. Der Rheinsprung verläuft dann steil bergab, über den mittelalterlichen Fachwerkhäusern taucht links der Chor von St. Martin auf. Im großen Bau rechts, der im 19. Jh. durch die Vereinigung von drei alten Häusern entstand, war bis 1939 die Universität untergebracht, heute ist hier nur noch das *Zoologische Institut* zu finden.

Die **Mittlere Brücke** war während vieler Jahrhunderte die einzige Rheinbrücke bis weithin flußabwärts; denn der Rhein hatte bis zur Regulierung im 19. Jh. nur oberhalb Basels ein festes Flußbett, während er unterhalb einen wechselnden Lauf nahm. Um 1225 ließ Bischof Heinrich von Thun den Vorläufer der 1903–05 gebauten heutigen Brücke errichten. Die Geldmittel beschaffte er sich, indem er den Kirchenschatz versetzte und sich von den Klöstern Bürgeln und St. Blasien unterstützen ließ. Die Rheinbrücke, anfangs aus lokalen Bedürfnissen geplant, ließ Basel zu einem wichtigen Handelsplatz an der Straße über den Gotthard nach Oberitalien werden. Diese erste Brücke war aus Holz gezimmert und ruhte in Kleinbasel auf steinernen und in Großbasel auf hölzernen Pfeilern im Strom. Die Brückenkapelle, die sich auch auf der heutigen Brücke wiederfindet, diente auch zur Belastung des mittleren Pfeilers gegen die Strömung. Von diesem "Käppelijoch" wurden die "liederlichen Weiber" und die Kindsmörderinnen "geschwemmt". Sie wurden gefesselt in den Rhein geworfen und – falls möglich – auf der Höhe des St.-Johanns-Tors wieder herausgefischt. Da viele diese Strafe überlebten, wurde sie 1634 durch das endgültigere Enthaupten ersetzt.

Am Großbasler Rheintor befand sich einst der **"Lällekönig"** (Lälli = Zunge), ein aus Kupferblech getriebener Kopf mit vorspringender Nase, wilden Haaren, vielzackiger Krone und schwarzem Bart aus natürlichem Haar. Durch ein Uhrwerk im Inneren konnte er die Zunge gen Kleinbasel herausstrecken und mit den Augen rollen. 1798 wurde der Lällekönig auf Befehl des Innenministers der Helvetischen Republik, die der französischen Revolution und ihren Errungenschaften verhaftet war, vom Turm geholt, wie alle an das ancien régime erinnernden Embleme. 1839, beim Abbruch des Rheintores, wanderte er in die Altertümersammlung des Historischen Museums. Heute hängt eine Kopie über dem Eingang des Restaurants Churrasco. Diesem Großbasler Symbol standen drei Kleinbasler Symbole gegenüber, nämlich die Zeichen der drei Ehrengesellschaften (entsprechend den Großbasler Zünften): "Vogel Gryff", "Leu" und "Wilde Maa". Alljährlich zum "Vogel Gryff" genannten Volksfest, sechs Wochen vor der Basler Fasnacht, tanzen sie, den Rücken Großbasel und dem "Lällekönig" zugekehrt, auf der Mittleren Brücke und an anderen Orten in Kleinbasel, womit die Deutung unverkennbar ist.

Da die alte Rheinbrücke immer wieder von den im Frühjahr durch die Schneeschmelze verursachten Hochwassern beschädigt worden war, wurde 1899 ein Neubau für 2,1 Millionen Franken beschlossen. Die neue Brücke konnte 1905 eingeweiht werden – 1988/89 wurde sie vollkommen saniert und renoviert. Der Rhein ist hier fast 200 m breit, sein durchschnittlicher Wasserabfluß beträgt 1021 cbm/sec. Die Bronzeamazone am Großbasler Ufer schuf Carl Burckhardt 1924. Die *Brückenkapelle,* das "Käppelijoch", aus rotem Sandstein auf dem mittleren Granitpfeiler ist von 1478; sie wurde im 19. und 20. Jh. restauriert. Der Bischof an der Kapelle, der ein Modell der Brücke hält, stellt ihren Erbauer Heinrich von Thun dar. Von der *Schifflände* am Großbasler Ufer, nördlich am Fuß der Brücke und unmittelbar bei der Mündung des unterirdisch fließenden Birsig in den Rhein, gehen die Personenschiffe nach Kembs und

Augst/Rheinfelden ab; dort ist auch das Relief der "Tauzieher" von Max Uehlinger aus dem Jahr 1928 angebracht.

Die *Eisengasse* verbindet als lebhafte Geschäftsstraße die Mittlere Brücke mit dem Marktplatz. Das *Kaufhaus Globus,* Richtung Marktplatz links gelegen, besitzt eine sehenswerte Jugendstilfront von Romang und Bernoulli aus dem Jahr 1906. – Der *Marktplatz,* auf dem vormittags und Montag, Mittwoch und Freitag auch nachmittags der Markt stattfindet, wurde im späten 19. Jh. nach Nordwesten erweitert und von großen Geschäftshäusern mit üppigen Fassaden eingerahmt. Das rote ***Rathaus** wurde 1504–14 in spätgotischen Formen erbaut, denn nach ihrem Eintritt in die Eidgenossenschaft wollte die Bürgerschaft mit einem repräsentativen Bau aufwarten. An den Mittelbau des 16. Jhs. (Architekt vielleicht Ruman Faesch) wurde 1606 bis 1608 die nördlich angrenzende Vordere Kanzlei angefügt. 1898 bis 1904 kamen an der Marktfront rechts der Turm und links der Trakt mit dem Erker hinzu. Außerdem wurden damals der rückwärtige Teil umgebaut und das angrenzende Staatsarchiv oben auf dem Berg errichtet, alles nach Entwürfen der Architekten Eduard Vischer und Eduard Fueter.

Die eisernen Gitter vor der Eingangshalle sind von 1611, die Bronzetafel (1537) am rechten Pfeiler erinnert an die früheren Hochwasser des heute unterirdisch fließenden Birsig. Die größtenteils von Hans Bock 1608–11 angefertigten *Fassadenmalereien* wurden häufig restauriert, im 19. Jh. übermalt und ergänzt und seit 1977 originalgetreu wiederhergestellt. Sie zeigen über den Portalen das Stadtwappen, Siegesgöttinnen mit Palmzweigen und links einen Kinderfestzug. Die Uhr schuf Meister Wilhelm 1511–12. Die Figuren auf dem Baldachin von Hans Thur stellen die Stadtheiligen Kaiser Heinrich II. und Kunigunde dar; in der Mitte ist die Justitia zu sehen, die aus einer Marienfigur 1608 umgearbeitet wurde, oben ein Geharnischter mit Banner und Schwert. In der von Netzgewölben überspannten *Eingangshalle* befinden sich die Szenen aus der jüdischen Geschichte, gleichfalls von Hans Bock, links das "Gericht über König Herodes" (Flav. Ges. jüdischer Altertümer XIV 9), rechts die "Ermahnung des Josaphat an die Richter" (II. Chronika XIX 6–7).

Die *Wandbilder im Hof* waren ursprünglich auch von Hans Bock gemalt, sind später jedoch stark verändernd restauriert worden. 1978–83 wurden aber auch sie nach alten Vorlagen wiederhergestellt. Man erkennt neben malerischen Gestalten die Götter Hermes und Diana sowie links Prometheus mit dem auf dessen Leber wartenden Adler und das Urteil des Paris. Die bemalte Steinfigur des Munatius Plancus, des römischen Gründers von Augst und Basel, am Fuß der Freitreppe schenkte Hans Michel 1574 der Stadt als Dank für sein kostenlos erhaltenes Bürgerrecht. Beachtenswert ist auch oben

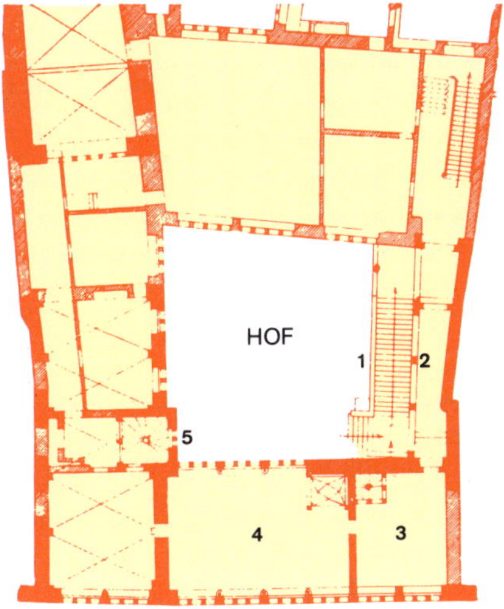

1 Freitreppe mit Standbild des Munatius Plancus

2 Hofgalerie mit Wandbildern von Hans Bock d. Ä.

3 Vorzimmer zum Regierungsratssaal mit Treppengehäuse

4 Regierungsratssaal ehem. Vordere Ratsstube

5 Vordere Kanzlei mit Portal zur Kanzleitreppe

RATHAUS-MITTELBAU

an der Treppe die Figur eines laufenden Boten. Die beiden *Wandbilder auf der Galerie* zeigen das Jüngste Gericht (Hans Dig (?); 1519) und "Daniel bringt Susannas Unschuld ans Licht" von Hans Bock.

Von der Galerie betritt man das *VORZIMMER* zur Ratsstube, in dem ein reich eingelegter Ratstisch von 1675 (hier Kopie 1878–82) mit Schildkröten als Füße zu finden ist, ebenso eine kunstvolle Wendeltreppe aus Sandstein (Daniel Heintz, 1581), das Wandbild der bestechlichen Gerechtigkeit (Hans Bock, 1611) und die Verleumdung Isabels. Die anschließende Vordere Ratsstube ist heute der *REGIERUNGSRATSSAAL.* Die Basler Kantonsregierung hat sieben Mitglieder. Der Präsident wechselt jährlich. Im Regierungsratssaal beeindrucken die Holztäfelung und die Balkendecke mit ihren Verzierungen. Neben Ranken und Fabeltieren erfreut eine "Verkehrte Welt", in der die Hasen endlich einmal die Jäger zur Strecke bringen, sie an Stangen gefesselt fortschleppen und am Spieß braten. Das üppige Prunkportal schuf der Kunsttischler Franz Pergo 1595, zwei hölzerne Prophetenfiguren aus dem alten Großratssaal Martin Hoffmann 1521. Die 14 Wappenscheiben (Antoni Glaser; 1519–20) sind Geschenke der damaligen Schweizer Stände an die dem Bund beigetretene Stadt. Das Wappen Solothurns hielten ursprünglich zwei nackte Frauen, die dann durch die Heiligen Ursus und Viktor ersetzt wurden. Auch der Basler Bundesbrief von 1501 mit seinen großen Siegeln und ein Madonnenrelief von 1510 hängen in diesem Raum.

Der rückwärtige Flügel des Rathauses wurde um die Jahrhundertwende umgebaut. Unter den Hofgewölben sieht man die hier vor dem Wetter geschützten Figuren vom Uhrengehäuse an der Marktfassade. Im Obergeschoß befindet sich der um 1900 gestaltete *GROSSRATSSAAL* für die 130 Kantonsabgeordneten aus 11 Parteien, die 9 Fraktionen angehören. Da es in der Schweiz keine Fünfprozent-Klausel gibt, sind auch kleine Parteien vertreten und die politischen Standpunkte reichen von rechts bis weit nach links. – Die Wandbilder im Großratssaal von Emil Schill halten Szenen des Eintritts Basels in die Eidgenossenschaft aus Handel, Verkehr und der Universität fest.

Die **Freie Straße,** die als belebte Einkaufszeile vom Marktplatz nach Südosten bis zum Bankenplatz verläuft, zeigte bis zur Mitte des vergangenen Jahrhunderts ein mittelalterliches Gesicht. Noch am Marktplatz das Haus Nr. 13, ein bereits 1233 erwähntes Gebäude. 1377 wurde es Sitz der Zunft der Weinleute, jetzt *Geltenzunfthaus* genannt; die dunkelrote Fassade im transalpinen Spätrenaissancestil ist 1562–78 entstanden. Sehenswert ist auch das *Haus der Zunft zum Schlüssel* an der Freien Straße Nr. 25 von Ruman Faesch (1488), dessen Fassade 1733 anmutig barockisiert wurde; es beherbergt heute ein Restaurant. Die neugotische *Hauptpost,* 1853 in rotem Sandstein errichtet, entwarf nicht der ursprünglich vorgesehene Amadeus Merian, sondern der vielbeschäftigte Basler Architekt Johann Jakob Stehlin. Den 1880 erfolgten Anbau an der Rüdengasse führte der Wiener Dombaumeister Friedrich von Schmidt aus. Die Schalterhalle ist mit herrlichen Wandmalereien (Burkard Mangold; 1909/10) zum Thema "Verkehr einst und jetzt" bestückt, die 1977 freigelegt und restauriert worden sind. Der nahe südwestlich verlaufende Birsig fließt wegen schlimmer Erfahrungen mit Cholera- und Typhusepidemien 1855 und 1865 seit 1890 unterirdisch. Das *Haus der Zunft zu Hausgenossen* (Wechsler), Freie Straße Nr. 34, zeigt an der Fassade Malereien, sog. Sgraffitti (Hans Sandreuter; 1894). Ein Stück weiter oben, links hinter dem *Dreizack-Brunnen* (Entwurf Melchior Berri), führt die schmale Gasse Münsterberg hinauf zum *Münsterplatz.* In einer Werkstatt rechts kann man die Arbeit eines Kunstschlossers beobachten. Am Anfang des Münsterplatzes ist links über dem Schaukasten mit den Eheverkündungen ein Wandbild von Niklaus Stoecklin (1919) zu sehen. Rechts gegenüber, Münsterplatz 12, ist der *Domhof* von 1578 zu finden, in dem heute das Baudepartement untergebracht ist.

Stadtbesichtigung 3: Die nördliche Altstadt

Nördlich der Mittleren Brücke liegt die *Schifflände,* umgeben von großen Häusern des ausgehenden 19. und beginnenden 20. Jhs. in historisierendem Stil, so etwa Schifflände 1–3 von Hans Bernoulli. Blumenrain Nr. 2 ist ein üppiger Neubarockbau, der 1987–88 vollkommen renoviert wurde. Heute ist dort das Verkehrsbüro *Basel Tourismus* zu finden. In der Marktgasse 8 hatte von 1908–86 die 1876 gegründete *Basler Effektenbörse* ihren Sitz, deren Betrieb zuvor im Saal der Rebleutezunft und in der Hauptpost abgewickelt wurde; sie befindet sich jetzt am Aeschenplatz.

Der aus dem späten 14. Jh. stammende gotische **Fischmarktbrunnen** gehört zu den schönsten Brunnen im nördlichen Europa. Der Hauptbrunnen stellte ursprünglich ein Quellheiligtum dar. 1851 wurde der Brunnentrog erneuert, Anfang der achtziger Jahre dieses Jahrhunderts der Brunnen restauriert. Im zwölfeckigen Becken steht der Brunnenstock mit vier wilden Wasserspeiern, darüber ist ein Reigen musizierender und wappentragender Engel sichtbar. Die großen Heiligenfiguren stellen Petrus (Patron der Kirchengemeinden), die Himmelskönigin Maria (Stadtpatronin) und Johannes (Schutzheiliger gegen Vergiftungen) dar; die kleinen Gestalten oben sind Propheten und Heilige (Originale heute im Historischen Museum). Von den den *Fischmarkt* umgebenden Häusern gefallen die des Jugendstils und des Historismus in ihrer Eleganz und den liebevollen Details besser als die eher hölzern und einfallslos geratenen Bauten der Moderne wie etwa der langgestreckte *Spiegelhof,* in dem das Polizeidepartement eingerichtet ist. Die Bronzeplastik des von einer Lanze durchbohrten Drachen im Innenhof des Spiegelhofs schuf der Basler Willi Hege (1907–76).

Das vornehme *"Hotel Drei Könige"* am Blumenrain, trägt drei bunt bemalte Figuren seiner Namenspatrone an der spätklassizistischen Fassade. Amadeus Merian (1808–89) erbaute das Haus 1842–44. Schon 1026 soll hier eine Herberge gestanden haben, seit 1681 eine Herrenherberge; nach der französischen Revolution mußte man sich "Zu den Drei Mohren" nennen. Etwas weiter auf der gleichen Straßenseite trifft man auf den *Urbanbrunnen* (1448) mit dem Bild des Trauben haltenden Papstes Urban XI. (Schutzpatron der Weinberge) und den *Seidenhof* (Blumenrain 34), der über eine besonders schöne Barockfassade mit graugrünen Pilastern verfügt. Zur Flußseite sind an diesem Bau noch Reste eines Rheinturmes zu erkennen. Hinter dem Urbanbrunnen führt eine Treppe zum Rheinufer und zur *Klingentalfähre* ("Vogel Gryff"), die wie die Münsterfähre ("Leu") und die St.-Alban-Fähre ("Wilde Maa") nur durch die Strömung an einem Seil über den Rhein getrieben wird (s. auch S. 44 und 81).

Die **Predigerkirche** des ehemaligen Dominikanerklosters wurde im wesentlichen im 13. Jh. erbaut, die beim Erdbeben von 1356 eingestürzten Teile wurden danach wieder errichtet. Geldmittel für den Bau lieferte der Handel mit dem Ablaß von Sünden. Das zur Kirche gehörende Kloster ging in der Reformation ein und von 1614–1866 benutzte die protestantisch-französische Gemeinde die Kirche, deren Chor als Fruchtschütte und Salzlager verwendet wurde. Um mehr Waren stapeln zu können, hatte man sogar Zwischenböden eingezogen. 1869 wurde die Kirche Versammlungslokal des Schweizerischen Lehrervereins, 1870 Kaserne, 1877 zog die christkatholische Gemeinde ein. Die Klosterbauten dienten nach der Reformation als Zuchthaus und Universitätskonvikt. 1692 wurde ein *botanischer Garten* eingerichtet, allerdings hatte der Orden bereits 1276 dort ein leibhaftiges Stachelschwein gehalten, ein Geschenk von Königin Anna. Der *Friedhof* auf der Nordseite der Kirche wurde Anfang des 19. Jhs. aufgehoben; seine Mauern wurden 1805 von Anwohnern in einer Mondnacht niedergerissen. Dabei gingen die berühmten *Totentanzfresken,* die 1439 aus den Ängsten der Pestzeit heraus entstanden waren, bis auf 19 gerettete Bruchstücke verloren, die heute im Historischen Museum verwahrt sind. Die 39 Szenen zeigten 39 Paare, jeweils eine lebende Gestalt vom Tod hinweggeführt. Den Giebel des Beinhauses schmückte das Jüngste Gericht. – Die dreischiffige gotische Basilika besitzt nach der Ordensregel keinen Turm, sondern nur einen Dachreiter. Dieses maßwerkverzierte Glockentürmchen errichtete der Ulmer Johannes Kun kurz vor 1423. Im Inneren der umfassend renovierten Kirche finden sich mittelalterliche Malereien (letztes Viertel 14. Jh.) und Gewölbeschlußsteine mit Evangelisten-Symbolen in den Chorseitenschiffen. Die farbigen Glasfenster sind von 1899. Der Lettner und der originelle Dachaufstieg an der Westwand sind am ursprünglichen Ort rekonstruiert (geöffnet täglich 14–16 Uhr).

An die Predigerkirche grenzt der ausgedehnte Komplex des **Kantonsspitals,** das 1973 aus dem Bürgerspital hervorgegangen ist und als Universitätsspital über ein Dutzend Abteilungen und Institute mit etwa 1000 Krankenbetten umfaßt. Ein erstes Spital in der Stadt lag seit dem Mittelalter neben dem Barfüßerkloster zwischen der heutigen Barfüßergasse und der Freien Straße; es blieb dort bis 1842. Dann wurde es in die heutige Hebelstraße verlegt, wo neben den später erstellten Neubauten auch das stattliche *Palais der Markgrafen von Baden* (1698–1705) und der *Holsteinerhof* von 1725 für Spitalzwecke verwendet wurden. Aus dem Garten des Palais hatte man 1788 bereits einen bemannten Heißluftballon aufsteigen lassen. Eine große Erweiterung des Krankenhauses erfolgte 1940–45 an der Spitalstraße. Der fertiggestellte große Trakt des Klinikums II am Petersgraben ist 1977–78 bezogen worden. Die Medizin hat in Basel eine alte Geschichte. So fand man ärztliche Instrumente bereits aus römischer Zeit und ein Skelett (16. Jh.) in der Anatomischen Sammlung (→ S. 91) gilt als ältestes medizinisches Präparat der Welt. Seit 1943 hat die *Schweizerische Akademie der Medizinischen Wissenschaften* ihren Sitz in Basel. Unter den bedeutenden Ärzten und Medizinern sind zu nennen: Andreas Vesalius (1514–64), Theophrastus von Hohenheim, genannt Paracelsus (1493–1541), Felix Platter (1536–1614) und Carl Gustav Jung (1794–1864). → "Basler Persönlichkeiten" S. 35.

Der grüne Platz und die Straße vor der Predigerkirche heißen *Totentanz,* nach den einstigen Fresken (s. o.). Die große janusköpfige Plastik von Otto Bänninger (1967) symbolisiert die Lebensalter. Hübsch sind die schmalen alten Häuser auf der Rheinseite. In Nr. 2 von 1555 wurde am 10. Mai 1760 Johann Peter Hebel (→ S. 37) geboren.

Die an den Totentanz anschließende, nach Nordwesten führende *St.-Johanns-Vorstadt* säumen stattliche Bürgerhäuser, so links Nr. 3, der barocke *Reinacher Hof,* und Nr. 17, der gleichfalls barocke *Erlacher Hof,* in dem im 18. Jh. der Kupferstecher Christian von Mechel wohnte. Die Nachbarhäuser sind meist noch mittelalterlich und tragen ausdrucksvolle Namen wie "Zer Haselstuden" (1325). An Stelle der heutigen Nr. 22 standen zwei Häuser, im einen wohnte Hans Holbein mit seiner Familie. In Nr. 21, dem *Ackermannhof,* wirkte bereits von 1500–11 der Buchdrucker Johannes Petri; pfalzartig auf dem Ausbau rechts steht der *Faule-Magd-Brunnen.* Gegenüber ist die Vorstadtgesellschaft "Zur Mägd" zu Hause; der Bau beherbergt ein Restaurant gleichen Namens. Eine ausgewogene klassizistische Fassade hat auch Nr. 27, der *Formonterhof,* während der besonders stattliche Bau Nr. 31–35 "Zum Innern Klösterli", benannt nach der ehemaligen Niederlassung der Antoniter, durch Läden entstellt wurde. Rechts zweigt die *Johanniterbrücke* (1964–67) nach Kleinbasel ab, die zuerst 1879–82 als Eisenkonstruktion errichtet worden war. Vorbei an moderner Bebauung, dem begrünten *St.-Johanns-Platz* mit der Schule St. Johann und dem westlich angrenzenden Pestalozzischulhaus erreicht die Straße das **St.-Johanns-Tor,** das im Zuge der damaligen Stadterweiterung 1370–80 gebaut worden war. Es ist ein hohes, rechteckiges Stadttor aus Bossenquadern, mit starken Vorbauten an der Durchfahrt, deren stadtäußerer einen Eckerker trägt. Der einstige Figurenschmuck befindet sich im Historischen Museum. Eindrucksvoll sind die großen Fallbalken von 1582, die bei Gefahr heruntergelassen wurden und die Durchfahrt sperrten, verstärkt durch die soliden hölzernen Tore. Das St.-Johanns-Tor wurde 1986 instand gesetzt. An der stadtinneren Seite steht noch die niedrige *Stadtwache* (1806) mit von fünf Holzsäulen gestütztem Dach. Die nahe *Rheinschanze* war einst Teil der Stadtbefestigung, deren Rheineckturm (Thomasturm) im 19. Jh. eine Plattform mit Zinnenkranz erhielt. Lohnende Aussicht auf den Rhein und die hohen Industriebauten des Basler Nordens.

Der Petersberg

Vom Fischmarkt (→ S. 53) steigt man durch den Innenhof des Spiegelhofes über eine Treppe hinauf zur *Petersgasse.* Dort stößt man auf große, weitgehend barockisierte Adelshöfe. Auf der sich verengenden Petersgasse weiter steigend, passiert man malerische alte Häuser wie Nr. 23, den *Ringelhof* (1573) mit den Portraitköpfen des einstigen Hausherrn Christophero d'Annone und seiner Frau am Eingang, Nr. 40/42 den *Offenburger Hof,* in dem der Apotheker und Ratsherr Henman Offenburg, ein guter und der Stadt nützlicher Diplomat des 15. Jhs., wohnte, und den *Flachsländerhof* (1454) mit seinem reizvollen Innenhof.

Die **Peterskirche** ist eine Pfarrkirche der ev.-reformierten Kirche Basel-Stadt. Zu der 1219 erstmals genannten romanischen Peterskirche gehörte ab 1233 ein vornehmes weltliches Chorherrenstift mit Schule. Die dreischiffige Leutkirche mit dem spätgotischen Chor wurde nach dem großen Erdbeben 1388 ersetzt, der südliche Sandsteinturm aus dem 13. Jh. im 15. Jh. entfernt. Die eingeengte Lage der Kirche zwischen Petersgraben und dem Abhang bedingte die Form und die Anlage der Schiffe.

Inneres (geöffnet Di–Fr 10–16 Uhr): Die Leutkirche, ein hohes Mittelschiff und zwei niedere Seitenschiffe, alle mit flacher Decke, umzieht eine Emporengalerie. An den Mittelschiffpfeilern sind *Wappenreliefs* und an den Außenwänden *Epitaphien* berühmter Basler Geschlechter angebracht – zum Beispiel des Mathematikers, Physikers und Astronomen Daniel Bernoulli (1700–82), des Mathematikers Johann Bernoulli (1667–1748), der die Variationsrechnung entwickelte, und des Buchdruckers und Verlegers Johann Froben (1460–1527). Das große, rot und blau leuchtende *Glasfenster* in der Westwand (1901) zeigt den Gekreuzigten, darunter Apostel und ein von Basilisken (→ S. 24) gehaltenes Wappen. Beachtenswert sind auch der spätgotische *Taufstein* aus Sandstein (Friedrich Nußdorf; 1513–14) mit feinem Maßwerk, die schöne hölzerne *Kanzel* (um 1620) und die *Orgel* (1767–70) des Orgelbaumeisters Johann Andreas Silbermann, die Ende des 19. Jhs. renoviert worden ist. Von den berühmten Wandbildern des 14. bis 16. Jhs. zeigen die an der Südwand der Leutkirche die letzte Mißhandlung und Grablegung Christi (letztes Viertel 14. Jh.) und die Hl. Dorothea (um 1515). Die nach ihrem Stifter benannte *EBERLER-KAPELLE* (1475, früher Marien-Kapelle) schließt mit Kreuzrippengewölben, Schlußsteinen mit Wappen und dem Haupt Christi. In der Kapelle findet sich auch das Grabmal von Johannes Froben († 1527). Die Wandfresken lassen Passionsszenen (Südwand), ein Marienleben und einzelne Heilige (Ostwand) erkennen. Die Schlußsteine im Chorgewölbe zeigen die Köpfe der zwölf Apostel. Die Wangen des dunklen *Chorgestühls* (Ulrich Bruder; 1498) zieren Tiere, die Köpfe von Männern und einer Frau mit Maulkorb sowie ein Totenschädel.

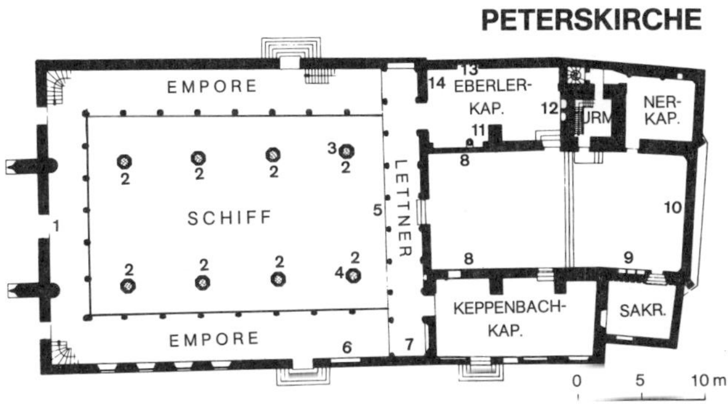

1 Westfenster, 1901
2 Wappenreliefs, 14. Jh.
3 Kanzel, 1620
4 Taufe, 1513/14
5 Orgel, 1767/70
6 Grablegung, um 1370
7 Hl. Dorothea, um 1515
8 Chorgestühl, 1498
9 Zelebrantensitz, 13. Jh.
10 Wappenscheibe, 1490
11 Wandbilder von 1420
12 Wandbilder von 1450
13 Grabmal Eberler
14 Epitaph Froben (+ 1527)

Den nahen *Nadelberg* säumt eine Reihe schöner Patrizierhöfe, in denen meist Universitätsinstitute untergebracht sind. Den Anfang macht der *Engelhof* (Ruman Faesch; 1480), dann folgen Nr. 4 mit hübschem Hof, Nr. 6 das *Schöne Haus* mit feinem Holztor und von unten bemaltem, vorkragendem Dach. Nr. 10, der *Zerkindenhof,* besitzt noch am rückwärtigen Petersgraben ein Gartenhaus, umgebaut aus einem mittelalterlichen Stadtturm. Westlich der Peterskirche, vor der 1899 eine Büste Hebels von seinen Verehrern zwischen zwei Linden aufgestellt wurde, dehnt sich der grüne *Petersplatz* aus, auf dem jeden Samstag der Flohmarkt stattfindet und im Herbst ein Teil der Herbstmesse. Einst wuchsen hier Ulmen und Eichen, heute sind es Ahornbäume und Linden. Seine Nordseite säumen schöne Häuser, so Nr. 20 das anmutige Rokokohaus *Zum Grabeneck* von 1767 und Nr. 13 das *Wildt'sche Haus* (Joh. Jakob Fechter; 1762–63), jetzt Sitz der Schweizerischen Akademie der Medizinischen Wissenschaften (→ S. 55). Erster Besitzer war der Rechenrat Jeremias Wildt. Mit seinem leicht vorspringenden Mittelteil und der um ein Geschoß höheren Gartenfront ist es eines der schönsten Basler Barockhäuser. Es dient auch der Universität und der Stadt für Empfänge, Tagungen und kulturelle Veranstaltungen.

An der westlich weiterführenden Bernoullistraße steht links die neubarocke **Universitätsbibliothek** (Emanuel La Roche; 1896); mit einem stark verglasten Erweiterungsbau von Otto Senn (1966–68). Den Ausleihevorraum schmückt eine Plastik von Mary Vieira (1966) aus beweglichen Scheiben. Die Universitätsbibliothek ist gleichzeitig öffentliche Bücherei des Kantons Basel-Stadt. Um 1460 bei der Universitätsgründung eingerichtet, ist sie die älteste weltliche Bibliothek der Schweiz. Neben rund 3 Mio. Büchern und Schriften, 60 000 Handschriften, 100 000 Porträts und 50 000 Exlibris besitzt sie den größten Bestand an Inkunabeln (Frühdrucke) in der Schweiz, außerdem die wissenschaftlichen Nachlässe von Johann Jakob Bachofen, Heinrich Wölfflin und Karl Jaspers sowie einen Plan von Paris (1552). Ursprünglich war die Bibliothek, die dank der Auflösung Basler Klöster und der im 15. und 16. Jh. in Basel aufblühenden Buchdruckerkunst rasch anwuchs, in einem kapellenartigen Vorturm des Uni-Hauptgebäudes am Rheinufer untergebracht. Mitte des 17. Jhs. wurde sie ins Haus zur Mücke verlegt. – Gegenüber liegen die moderne *Mensa* der Universität und hinter zwei Zedern die Hauptfront des *Bernoullianums* (J. J. Stehlin d. J.; 1874). Es enthält das Mineralogische, Petrologische und das Geographische Institut der Universität.

An der Westseite des Petersplatzes befindet sich der hier 1898 auf dem ehemaligen Spalengottesacker angelegte **Botanische Garten** der Universität. Ein früherer Garten wurde 1588 am Rheinsprung angepflanzt und 1692 ins Predigerkloster am Petersgraben verlegt. Der heutige Garten umfaßt etwa 8000 Pflanzenarten auf ca. 13 600 qm, wobei er allerdings beim Neubau der Universitätsbibliothek bereits 7500 qm eingebüßt hat. Tafeln mit den lateinischen und deutschen Namen bezeichnen Pflanzen und Bäume, unter denen der kalifornische Mammutbaum am Eingang auffällt. Nahe der Bernoullistraße steht eine Büste des Botanikers Werner de Lachenal (1736–1800), der den früheren Garten förderte. Das Viktoriahaus, ein fast 100jähriges Kuppelgewächshaus aus der Zeit der Eisen-Glas-Architektur, wurde 1996 durch einen Nachfolgebau im gleichen Stil ersetzt. Er enthält die große tropische Seerose "Victoria regia". Im warm-feuchten Klima des 1965 errichteten Tropenhauses gedeiht ein kleiner Dschungel mit zahlreichen Wild- und Kulturpflanzen. Es beherbergt die größte Orchideensammlung der Schweiz. Die neobarocke Botanische Anstalt (Rudolf Linder; 1896) zeigt bei den Klingelschildern noch die alte Hierarchie. Das ländliche Fachwerkhaus (Nr. 10) links neben dem Botanischen Garten beherbergt das Institut für Medizinische Mikrobiologie. Als "Stachelschützenhaus" diente es im 16. und 17. Jh. der Gesellschaft der Armbrustschützen, die ihren Schießstand auf dem Gelände des heutigen Kollegiengebäudes hatte. Im linken Flügel unterhielt der Physiker Daniel Bernoulli sein Laboratorium.

Die Südseite des Petersplatzes nimmt seit 1939 die **Universität** mit ihrem Kollegienhaus ein. Der Architekt Roland Rohn schuf den eingeschossigen, breit gelagerten, ruhigen Bau in den Jahren 1936–39. Bis dahin stand hier das alte Korn- und Zeughaus aus dem 15. Jh., während sich das Hauptgebäude der Universität 1460–1939 auf dem Münsterhügel am Rheinsprung (→ S. 48) befand (heute Zoologisches Institut). Das mit einer Aula für 500 Personen, mehreren Hörsälen sowie diversen Arbeits- und Verwaltungsräumen ausgestattete Gebäude umschließt U-förmig einen alten Garten mit zwei riesigen Platanen.

Von Anfang an war eine Ausstattung mit zeitgenössischer Schweizer Kunst geplant, die im Lauf der Zeit ausgeführt wurde. Vor dem Haupteingang am Petersgraben steht die Steinskulptur "Lehrer und Schüler" (1940) von Alexander Zschokke (1894–1981). In der Eckvorhalle des Hauptportals zeigt ein Mosaikbild (1938–46) von Walter Eglin (1895–1966) Szenen aus dem täglichen Leben. In der Vorhalle des Westeingangs gegenüber dem Institut für Medizinische Mikrobiologie (dem sogenannten "Stachelschützenhaus" aus dem 16. Jh.) finden wir das Mosaik "Sehen und Erkennen" (1960) von Coghuf (1905–76). Die größte Wandfläche in der Eingangshalle schmückt das Ölbild "Odysseus bei den Phäaken" (1964) von Karl Glatt (* 1912). Vor der Aula steht die Bronzebüste des Jacob Wackernagel (1923) von Otto Ross (1853–1938) und die Marmorbüste des Jacob Burckhardt (1899) von Arthur Volkmann (1851–1941). Beim Westeingang die Granitbüste von Pius II. auf hohem Sockel (ca. 1952) von Jakob Probst (1880–1966). Im ersten Stock sind Werke jüngerer Basler Künstler zu sehen. Genannt seien hier noch die 14 Öltafeln "Die wissenschaftlichen Berufe" (1960) von Niklaus Stoecklin (1896–1982) im zweiten Stock des Hauses.

Nach der Auflösung des Basler Konzils (1431–48) und der "Kurienuniversität" bemühten sich die Bürger von Basel um die Gründung einer Universität bei Papst Pius II., der während des Konzils als dessen Sekretär in Basel weilte. 1459 kam es zum Erlaß der Stiftungsbulle und 1460 konnte die Universität als eine Volluniversität mit allen Fakultäten eröffnet werden.

Grundlage des Lehrbetriebs bildete bis 1818 die Fakultät der "Artes liberales". Sie vermittelte die allgemeine höhere Bildung für alle Fächer und mußte von jedem Studierenden durchlaufen werden, bevor er in die *Theologische, Juristische* oder *Medizinische Fakultät* eintreten durfte. Erst im Gesetz von 1818 über die Organisation der Universität wurde nicht nur die juristische Stellung der Universität neu geregelt, sondern auch die "Artistenfakultät" als Philosophische Fakultät den anderen Fakultäten gleichgestellt. 1937 hat ein neues Universitätsgesetz die *Philosophisch-Historische* und die *Philosophisch-Naturwissenschaftliche Fakultät* geschaffen. Diese Einteilung in die fünf klassischen Fakultäten besteht bis heute.

Mit zunehmender Bedeutung der Naturwissenschaften und steigender Studierendenzahl in der zweiten Hälfte des 19. Jhs. erhielt die Universität mehrere neue Institute. Das heute weltweit bekannte *Biozentrum* wurde 1971 als interdisziplinär ausgerichtetes Lehr- und Forschungsinstitut für Molekularbiologie (Biologie II) eröffnet. Knapp dreißig Jahre später wurde das mit dem Biozentrum direkt verbundene *Pharmazentrum* errichtet. In diesem vom Architekten Andrea Roost gestalteten Bau sind sieben Institute der naturwissenschaftlichen Fakultät sowie der Informatik untergebracht. Die beiden Gebäude bilden das Zentrum der sogenannten "Life Sciences" (Lebenswissenschaften). Das Pharmazentrum verfügt über einen Hörsaal mit modernster Telekommunikations-Infrastruktur. Diese ermöglicht eine virtuelle Vernetzung mehrerer Hochschulstandorte. Für das von der Universität Basel und der ETH Zürich gemeinsam getragene Zentrum für Pharmazeutische Wissenschaften ist der Telepoly-Hörsaal von zentraler Bedeutung.

1988 kam es nach der Zusammenführung der wirtschaftswissenschaftlichen Fächer zur Bildung des *Wirtschaftswissenschaftlichen Zentrums* (*WWZ*) der Universität am Petersgraben.

Am 1. Januar 1996 begann für die Universität Basel eine neue Ära: Mit einem Vertrag zwischen den Kantonen Basel-Stadt und Basel-Landschaft (der zu stärkerer finanzieller Beteiligung verpflichtet wurde) und mit dem Inkrafttreten eines neuen Universitätsgesetzes erhielt sie das Recht auf Selbstverwaltung. Anstelle der baselstädtischen politischen Behörde ist seitdem ein von beiden Regierungen gewählter Universitätsrat oberstes Entscheidungs- und Aufsichtsorgan.

Im Jahr 2000 waren knapp 8000 Studierende immatrikuliert; der gesamte Lehrkörper umfaßt rund 1000 Dozentinnen und Dozenten. Die Universität hat zwei Makroschwerpunkte definiert, "Life Sciences" und "Kultur". Im Bereich der Nanowissenschaften kommt der Universität Basel eine führende Rolle zu. Die Kulturwissenschaften haben durch die Schaffung neuer Lehrstühle wie "Gender Studies" und "Ethik" an Attraktivität gewonnen.

Bedeutende Gelehrte des 15.–18. Jhs. (mit ihren Geburts- und Sterbedaten): *Sebastian Brandt* (1458–1521), der Schöpfer des "Narrenschiffs"; der Reformator *Johannes Oekolampad* (1482–1531); *Sebastian Münster* (1488–1552), bekannt durch seine "Cosmographia"; *Paracelsus* (1493–1541), der "Lutherus medicorum"; die bekannten Mediziner *Andreas Vesal* (1514–1564) und *Felix Platter* (1536–1614); die Mathematikerdynastie der *Bernoulli* im 17. und 18. Jh.

Einige bedeutende Professoren der neueren Zeit (19. und 20. Jh.) seien mit den Jahren ihres Wirkens genannt: die Theologen *Bernhard Duhm* (1889–1928), und *Karl Barth* (1935–62); die Juristen *Andreas Heusler I* (1831–68), *Johann Jakob Bachofen* (1841–44, Erforscher des Mutterrechts), *Bernhard Windscheit* (1847–52), *Andreas Heusler II* (1858–1917), *Eugen Huber* (1880–88), *Andreas von Thur* (1891–98), *Carl Wieland* (1893–1935); die Kunsthistoriker *Jakob Burckhardt* (1844–93) und *Heinrich Wölfflin* (1893–1901); die Philologen *Wilhelm Wackernagel* (1833–69), *Wilhelm Vischer* (1832–68), *Friedrich Nietzsche* (1869–79, Dozent für griechische Sprache und Literatur), *Jacob Wackernagel* (1876–1936), *Andreas Heusler III* (1920–36), der Philosoph *Karl Jaspers* (1948–61, Dozent für Philosophie, Psychologie und Soziologie); die Zoologen *Ludwig Rütimeyer* (1855–94), *Friedrich Zschokke* (1887–1931) und *Adolf Portmann* (1931–68); der Anatom *Wilhelm His* (1856–72), der Physiologe *Johann Friedrich Miescher* (1871–95); der Chemiker *Gustav von Bunge* (1885–1920); der Psychologe *Carl Gustav Jung* (ab 1944).

Die Universität kann außerdem zwei Nobelpreisträger für Medizin aufweisen, den Chemiker *Tadeus Reichstein* (1950) und den Molekular-Mikrobiologen *Werner Arber* (1978).

Stadtbesichtigung 4: Die westliche Altstadt

Westlich des Marktplatzes zieht sich die Altstadt den Berghang des Birsigtales hinauf. Lohnend ist ein Streifzug durch die schmalen Gassen. Man trifft dabei auf einstige Adelssitze, Bürgerhäuser mit kleinen Läden und auch auf schmale alte Häuschen, die nach und nach renoviert wurden. Im Talgrund verläuft, vom Fischmarkt ausgehend, die Stadthausgasse, an der das **Stadthaus** mit nobler klassizistischer Sandsteinfassade steht. Samuel Werenfels erbaute es 1771–75 als Sitz der Kaufmannschaft. Diesem Zweck diente es bis 1798, bis 1853 war es Postgebäude, seit 1876 gehört es der Stadt und beherbergt heute die Verwaltung der Bürgergemeinde. Innen ist ein besonders schön geschmiedetes Treppengeländer zu finden.

Das schmale *Totengässlein,* das neben dem Stadthaus abbiegt und zum Petersplatz führt, besteht aus lauter Stufen. Im Haus *Nr. 3* ist das Pharmazeutische Institut der Universität untergebracht, in seinem Rückgebäude über den Hof das 1925 von Josef Anton Häfliger gegründete und mit seiner Privatsammlung als Grundstock bestückte **Schweizerische Pharmazie-Historische Museum** (Öffnungszeiten → S. 17), das einen einmaligen Überblick über die Heilmittel unserer Vorväter, aber auch fremder Völker vermittelt. Zuvor hatte auf diesem Grundstück der Buchdrucker Johann Froben gewohnt, der öfters von Erasmus von Rotterdam und dem Arzt Paracelsus besucht worden war, allerdings in einem noch älteren Bau als dem jetzigen. Später gehörte das Anwesen dem Seidenfabrikanten Hans Lux Iselin.

Das Pharmazie-Historische Museum besitzt eine der größten europäischen Sammlungen von Grundstoffen für Medikamente und Medikamenten, die bis in die Neuzeit Verwendung fanden – zum Beispiel Tabletten aus Siegelerde, Theriak, Alraunen, Korallen und ähnlichem. Ausgestellt sind aber auch Schaustücke wie Sägefischzähne, Alligatoren und Kugelfische, mit denen Apotheken früher geschmückt wurden. Waagen, Goldwaagen, hydrostatische Waagen, zahlreiche Meßgeräte, Mörser, Giftringe, Amulette, Keramikgefäße und andere Utensilien, die die Apotheker einst benützten, ergänzen die Ausstellung. Sehenswert sind die gotische Hauskapelle aus dem 15. Jh. mit einem Alchimistenlaboratorium aus dem 16./17. Jh., die gut erhaltene Innsbrucker Hofapotheke (um 1750) mit barocker Täfelung aus Eschenholz, eine Empireapotheke und ein Laboratorium aus dem 18. Jh. Seltenheitswert hat auch die Darstellung des Apothekergartens von 1616.

Beim Totengässlein beginnt auch die Schneidergasse, die sich wenige Häuser später zum reizvollen *Andreasplatz* mit dem Affenbrunnen öffnet. Sämtliche Häuser und der Platz wurden seit 1980 restauriert und saniert. Das Café zum roten Engel, die Holzofenbäckerei, verschiedene Läden und das Restaurant Hasenburg bringen Leben auf den Platz. 1977 wurden die Mauern der mittelalterlichen, 1792 abgebrochenen Andreaskapelle freigelegt und später in der Pflasterung sichtbar gemacht. Das *Imbergässlein,* das sowohl von der Schneidergasse als vom Andreasplatz erreichbar ist, steigt wie das Totengässlein als Treppe steil bergan zum Nadelberg. Der *Spalenberg,* der am Ende der Schneidergasse rechts abzweigt, ist eine beliebte Einkaufsstraße, an der sich auch Roland Rassers "théâtre fauteuil" und das "Tabourettli" als Kabarettlokal mit Verzehr befinden. Das "Tabourettli" am Spalenberg 12 wurde 1987 weltberühmt: kein Geringerer als der spanische Stararchitekt Santiago Calatrava hat die Ausstattung und die statisch einmalige Treppenkonstruktion entworfen. Zuoberst am Spalenberg ist die einmalige Brunnennische mit Numa Donzés (1885–1952) Wandgemälde "Enthauptung Johannes des Täufers" zu finden. Von hier führt die *Spalenvorstadt,* eine noch mit vielen alten Häusern bestückte Einkaufsstraße, zum Spalentor (→ S. 65).

Am Anfang der Spalenvorstadt, im Haus Nr. 2, dem ehemaligen Sitz der Gewerbeschule, ist die öffentliche Fachbibliothek der Schule für Gestaltung untergebracht. Sie umfaßt über 100 000 Bände und über 300 Fachzeitschriften zum Bereich Design, Grafik, Handwerk, Kunstgewerbe, Industrie, Technik, Gartenbau und Umweltschutz und beherbergt zudem wertvolle Sammlungen über Papier, Schrift, Druck und Buch.

An der Spalenvorstadt *Nr. 11/13* liegt auch die Einfahrt zum Domizil der Berufsfeuerwehr, die Ausfahrt hingegen geht auf den Schützengraben. Ihre Aufgabe ist die Brandbekämpfung auf städtischem Boden. Den 2 Dienstgruppen gehören je 55 Mann an, die Schichtdienst leisten; jeweils 3 Fahrzeuge mit 19 Mann rücken bei einem größeren Alarm aus. Bei Großbränden können zudem die Bezirksfeuerwehren, die aus Freiwilligen bestehen, und die 5 Werksfeuerwehren der Industriebetriebe aufgeboten werden, so daß über 1000 Mann einsatzbereit sind. Die längste Leiter, die der Berufsfeuerwehr zur Verfügung steht, kann auf 39 Meter ausgefahren werden.

Große Brände hatte es im mittelalterlichen Basel immer wieder gegeben. Die aus Holz gebauten Häuser, deren Dächer meist mit Stroh oder Schindeln gedeckt waren, und die geringen Löschmöglichkeiten ließen die Brände vielfach auf ganze Stadtteile übergreifen und legten diese in Schutt und Asche. Vom 14. Jh. an läutete abends um 9 Uhr die Glocke zu St. Leonhard, um zum Löschen der Herdfeuer zu mahnen; Lösch- und Bauvorschriften (Ziegeldächer) wurden erst im 15. Jh. erlassen. Städtisch organisiert war das

Löschwesen bereits ab 1411, wobei es bis 1763 den Zünften und bis 1845 militärischen Formationen oblag, was allerdings meist zu Paraden und militärischen Übungen ausartete. Dann übernahm ein auf Freiwilligkeit beruhendes Pompierkorps den Löschdienst, an dessen Stelle 1880 die Feuerwehr trat. Ab 1882 leistete dann die Berufsfeuerwehr neben der bisherigen Feuerwehr den Löschdienst.

Das **Schweizerische Feuerwehrmuseum Basel** (Öffnungszeiten → S. 17) liegt im Gebäudekomplex Spalenvorstadt Nr. 11/13, hat seinen Eingang jedoch an der Kornhausgasse 18. Es konnte im Sommer 1957 eröffnet werden und wurde 1967 als Schweizerisches Feuerwehrmuseum anerkannt. Neben Gegenständen aus allen Landesteilen der Schweiz beherbergt es auch solche aus dem Ausland. Der Vergleich der primitiven Mittel der Frühzeit des Löschwesens mit den heute in Gebrauch stehenden Geräten und Maschinen läßt die Geschichte der Feuerwehr als ein Stück Kulturgeschichte der Technik erscheinen. Die besonderen Abteilungen informieren über Feuermelde- und Alarmwesen, Löschwasserversorgung, Feuerlöschgeräte (Eimer, Spritzen), Rettungs- und Hilfsgeräte, Beleuchtungsmittel, Bekleidung und Ausrüstung sowie Gas- und Rauchschutz in ihrer historischen Entwicklung. Ferner sind dem Museum im sog. Schetty-Zimmer eine Bibliothek und ein Bildarchiv angegliedert.

Im Hinterhaus Kornhausgasse 8 wurde 1966 das **Jüdische Museum der Schweiz** eingerichtet (Öffnungszeiten → S. 17). Das Ausstellungsgut ist in drei Abteilungen gegliedert: die jüdische Lehre, das jüdische Jahr mit seinen Feiertagen, das tägliche Leben. Ein in deutsch, französisch, englisch und iwrith (neuhebräisch) erhältlicher Wegweiser liefert kurze Informationen, eine Schrift "Das Jüdische Jahr" gibt eingehender Auskunft. Eine Videoschau ist dem Schabbat (= Sabbat) gewidmet. Die ersten Juden haben sich vermutlich um 1200 auf dem Gebiet der heutigen Schweiz niedergelassen. In den Pestjahren, vor allem 1348–49, wurden viele Juden getötet, da man sie der Brunnenvergiftung bezichtigte und ihnen die Schuld an der Seuche zuschob. Im 15. Jh. wurden die meisten Juden des Landes verwiesen. Eine erste dauerhafte Niederlassung bildete sich im 17. Jh. im Aargau. Jüdische Einwanderer aus Osteuropa und dem Elsaß ließen im 19. Jh. jüdische Gemeinden in der Nord- und Westschweiz entstehen. 1850 zählte man 3150 Juden in der ganzen Eidgenossenschaft. 1866 erhielten sie die Kult- und Niederlassungsfreiheit und 1874 die volle gesetzliche Gleichstellung. In Basel leben heute etwa 2000 Juden.

Wir nennen die wichtigsten der ausgestellten Gegenstände: Im Hof mittelalterliche Grabplatten. – Im 1. Raum in Vitrinen Gegenstände des täglichen Lebens und des Kultes sowie Vasen, Krüge und Münzen aus biblischer Zeit, eine große Beschneidungsbank (1791), Amulette des 18.–20. Jhs., eine Radierung Marc Chagalls "Der Rabbiner", Dokumente aus der Hitlerzeit. Im größeren 2. Raum sieht man Torarollen, darunter eine orientalische aus Wildleder (15. Jh.). Die Tora ist die Heilige Schrift der Juden; sie umfaßt die fünf Bücher Moses. Das Vorlesen eines Abschnittes der Tora in einer traditionellen Melodie ist wichtiger Bestandteil des Gottesdienstes. Zu sehen sind hierzu die Akzente für die Toravorlesung, 1524 vom Basler Buchdrucker Johannes Froben in Noten gedruckt. Weiterhin Torazeiger, denn ein Berühren der Schriftrollen ist nicht erlaubt; daneben kultische Leuchter, Kannen und Becher, Besaminbüchsen, Chanukkalampen, Ringe und Siegel. Ausgestellt sind weiterhin Schriftstücke zum Leben der Juden in Basel, darunter eine Urkunde von 1223, in der Bischof Heinrich den Basler Durchgangszoll verpfändete; ferner bunt bemalte Eheverträge, ein Traubaldachin aus Endingen (1829), ein Toravorhang von 1797, Basler Ausgaben der Bibel und des Talmud, Medaillen verschiedener Herkunft, Unterlagen zu den Zionistenkongressen in Basel von 1897, 1898, 1899 etc.

Von der Kornhausgasse zurück auf die Spalenvorstadt. Neben der Feuerwache ein Haus, dessen Fassadenmalerei die Bildung der Eidgenossenschaft und den Rütli-Schwur verherrlicht. Der nahe *Spalenbrunnen* zeigt auf seiner Brunnensäule einen Dudelsackpfeifer nach einem Stich von Albrecht Dürer, der volkstümliche Reigen am Sockel ist bei Hans Holbein d. J. entliehen. Im Haus Nr. 22 gibt es ein Geschäft, das sich ganz auf Modelleisenbahnen (z. T. seltene Stücke) spezialisiert hat.

Das ***Spalentor,** eines der schönsten Stadttore in der Schweiz, wurde im späten 14. Jh. mit der Ummauerung der Spalenvorstadt errichtet. Seit dem Abbruch der Befestigung im 19. Jh. steht es frei. Auf der Stadtseite findet man links einen der alten Briefkästen mit dem Basler Täubchen, entworfen von Melchior Berri (1801–54). Das Tor besitzt in der Durchfahrt noch zwei hölzerne Sperren, von denen die äußere ein aus schweren Eichenbalken gezimmertes Fallgatter ist. Im Schaukasten links die Kopie der Zollverordnung von 1795, auf der der Tarif für Waren und Transporte verzeichnet ist, der beim Passieren des Tores zu zahlen war. Außen schließen das Tor zwei runde Flankentürme ab. Diese enden seit 1842 in Zinnen, bis dahin trugen sie achteckige Zeltdächer. Das spitze Dach des Tores selbst ist mit bunten Ziegeln gedeckt. Das niedere Vorwerk mit einer Vielzahl teilweise witziger Skulpturen erbaute Jakob Sarbach 1473–74. Die Originale aller Figuren sind im Historischen Museum; die Kopien schuf unter anderen der Bildhauer Hym 1893. Das Vortor besaß einst eine Fallbrücke, die im Kriegsfall hochgezogen werden konnte und sonst über den Graben führte.

Gut erhaltene Fachwerkhäuser stehen an dem zum Petersplatz zurückführenden *Spalengraben.* – Am nahen Spalentorweg 2 und am Schützengraben 45 hat Friedrich Nietzsche gewohnt.

Stadtbesichtigung 5: Die südliche Altstadt

Der belebte *Barfüßerplatz,* einst auch "Seibi" (Sauplatz) nach dem früher hier abgehaltenen Schweinemarkt genannt, ist das Zentrum der südlichen Altstadt. Die Westseite begrenzt noch eine Zeile ursprünglich mittelalterlicher Häuser, über denen auf der Höhe die Silhouette von St. Leonhard auftaucht.

Von der anderen Seite beherrscht den Platz die ***Barfüßerkirche** (Franziskanerkirche), die als bedeutendes Werk der Bettelordensarchitektur nördlich der Alpen gilt. 1250–56 ist sie als erste Klosterkirche zusammen mit dem Kloster errichtet worden, 1975–78 wurden die Fundamente davon entdeckt. Der heutige Bau entstand in der ersten Hälfte des 14. Jhs. An die dreischiffige Leutkirche schließt sich ein höherer Chor an, dessen Dachreiter 1890 erneuert wurde. Nachdem von der Reformation bis ins 18. Jh. der Bau zunehmend in Verwahrlosung geraten war und u. a. als Fruchtschütte und Salzlager gedient hatte, wurde er 1894 als **Historisches Museum** eingerichtet. Nach langjährigen Renovierungsarbeiten wurde das Historische Museum zwischen 1975 und 1981 neu gestaltet. Seine Sammlungen gehen auf das Kunstkabinett des Bonifatius Amerbach im 16. Jh. zurück. Mit seinen reichen Beständen oberrheinischer Kunst und Kultur des Mittelalters und der Renaissance ist es nächst dem Landesmuseum in Zürich das bedeutendste historische Museum der Schweiz (Öffnungszeiten → S. 17).

UNTERGESCHOSS: Darstellung der Stadtgeschichte vom Mittelalter bis heute (Bischof, Adel, Bürgerschaft, Universität, Militärwesen, Wirtschaft und Industrie); Intérieurs mit Mobiliar, Glasgemälden, Porträts und Textilien (15.–17. Jh.); Münzen und Medaillen; Kunstkabinette Amerbach (16. Jh.) und Faesch (17. Jh.); Goldschmiedekunst und Silberschätze der Zünfte.

Aufgang zum großen *LETTNER* mit dem Basler Münsterschatz (12.–16. Jh.). – *CHOR:* Altäre und oberrheinische Skulpturen (15.–16. Jh.); anschließend in den kleinen Sakristeien: Kirchengerät. – *SAKRISTEI* *Totentanzfragmente von der Kirchhofsmauer des Predigerklosters (Konrad Witz, um 1440), Grabsteine, Inschrifttafeln aus der Zeit des Basler Konzils; im Obergeschoß: Kunst des 13. und 14. Jhs.

SÜDL. SEITENSCHIFF: Gotische Bildteppiche und Kunsthandwerk des 15. Jhs. – *MITTELSCHIFF:* Brunnenstöcke (14.–17. Jh.). – *NÖRDL. SEITENSCHIFF:* das Basler Zunftwesen (Brauchtum, Organisation, Aufgaben, Handwerke, Geselligkeit). – *WESTEMPORE:* Wechselausstellungen.

Historisches Museum Basel
Barfüsserkirche

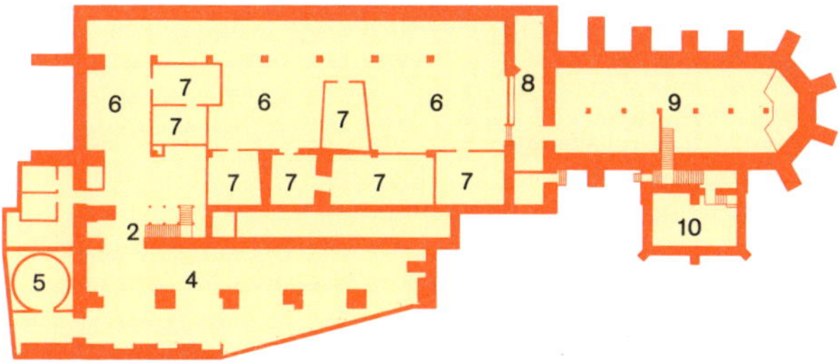

Untergeschoss

4 Sonderausstellungsraum
5 Schulungsraum
6 Stadtgeschichte seit 1200
7 Historische Zimmer
8 Münzkabinett
9 Weltliche Schatzkammer
10 Münsterschatz

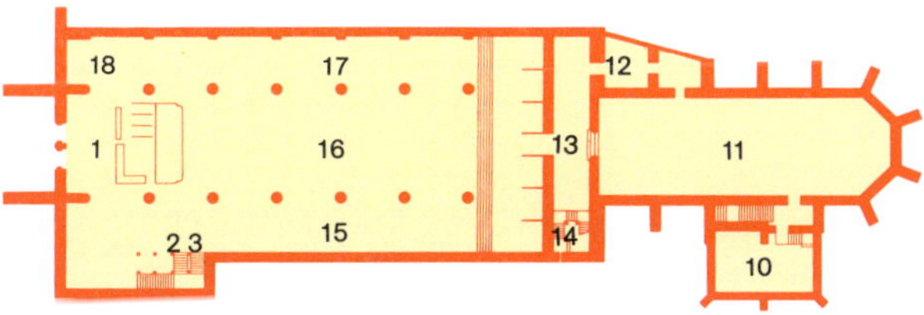

Erdgeschoss

1 Eingang
2 Treppe zum Untergeschoss
3 Treppe zu Wechsel-ausstellungen
10 Totentanz
11 Altäre, Skulpturen
12 Kirchengerät
13 Münsterschatz
14 Treppe zu kirchlicher Kunst 13.–15. Jh.
15 Basler Wirkteppiche, Kunsthandwerk 15./16. Jh.
16 Brunnenstöcke
17 Zunftwesen
18 Zunftstube

Anstelle der Klosterbauten errichtete Melchior Berri 1824 das klassizistische **Stadtcasino,** das 1938 teilweise durch einen etwas "steifen" Bau ersetzt wurde. Das Fresko an der Westfront schuf Alfred Heinrich Pellegrini (1881–1958). In dem alten Teil des Casinos fand 1897 der erste Zionistenkongreß im Beisein von Theodor Herzl statt. Das Stadtcasino verfügt heute über drei Säle, von denen der große Musiksaal von der Akustik her zu den fünf besten der Welt zählt. – Gegenüber des Casinos findet man in der Steinenvorstadt 1 das **Puppenhausmuseum,** das größte seiner Art in Europa (Öffnungszeiten → S. 17). Auf etwa 1000 qm werden Teddybären (über 2000, ältester von 1904), Puppen, Kaufmannsläden, Puppenhäuser und Miniaturen präsentiert. Das Ausstellungskonzept läßt die Exponate in phantasievoll arrangierten Szenen zur Geltung kommen. Vom Barfüßerplatz verläuft die *Gerbergasse* mit ihren zahlreichen Geschäften zum Marktplatz. Sie bildet die südwestliche Grenze der City. Im Südteil, noch von mittelalterlichen Häusern gesäumt, gewinnt jedoch, je weiter man fortschreitet, das 19. Jh. die Oberhand. Nr. 4, einst Haus "Zu den drei Böcken" und 1897 abgebrochen, war das Geburtshaus des Malers Arnold Böcklin (1827–1901). Nr. 13, die neugotische, stilgerecht restaurierte *Post,* hat ihre Schauseite gegen die Rüdengasse, an der auch einer der hübschen Basiliskenbrunnen steht. Gegenüber dem Postgebäude an der Gerbergasse führt eine Passage zum *Schmiedenhof,* dem letzten spätmittelalterlichen Handwerkerzunfthaus, das heute Läden und ein Café beherbergt. Nr. 11 ist das neugotische *Zunfthaus zu Safran,* wo einst die Krämer und Apotheker ihr Zunftdomizil hatten. In der parallel zum oberen Teil der Gerbergasse verlaufenden *Falknerstraße* gefällt neben mittelalterlichen Bauten das Haus Nr. 31 (1901) mit der Fassade in einer Mischung aus Historismus und Jugendstil. Von der Falknerstraße zweigt in Richtung Münster das Pfluggässlein ab, in dem sich das *Architekturmuseum* (Öffnungszeiten → S. 16) befindet. Hübsch ist auch das südwestlich parallele, stille *Gerbergässlein,* während das weiterführende *Münzgässlein* durch Modernes radikal "saniert" wurde.

Über den Leonhardsberg oder den Leonhardsstapfelberg steigt man hinauf zur **St.-Leonhards-Kirche.** Der baumbeschattete Kirchplatz war einst Friedhof. Die Bronzestatue (1964–66) von Peter Moillet stellt den verdienstvollen Basler Denkmalpfleger Dr. Rudolf Riggenbach (1882–1961) dar. Die hell verputzte Leon-

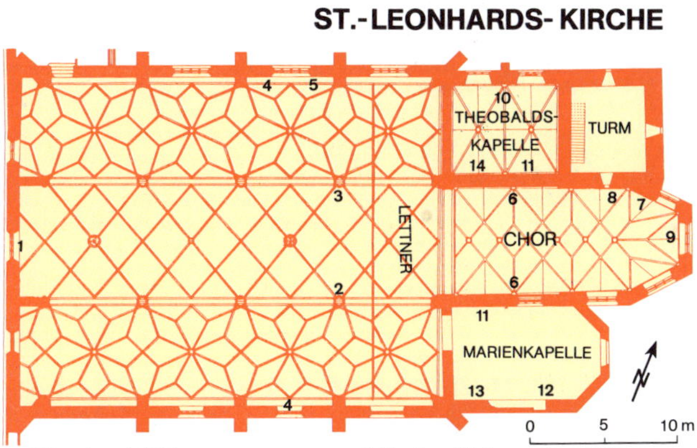

1 Barockorgel, 1718
2 Holzkanzel, 1720
3 Sandsteintaufe, 15. Jh.
4 Wandgestühl, 1515
5 Schmerzensmann-Fresko,
6 Chorgestühl, Ende 14. Jh.
7 Propstgrabplatte, um 1500
8 Wandgemäldefragment, um 1450
9 Glasfenster von A. Glaser, um 1485
10 Grabmal Hüglin v. Schönegg, um 1360
11 Wandfresken um 1370
12 Kanonikergrabtafel, 1388
13 Wendeltreppe zum ehem. Dormitorium
14 Zugang zur Krypta (Ende 11. Jh.)

hardskirche mit ihrer hohen Leutkirche, dem angesetzten Chor und dem seitlichen Turm steht auf einem schmalen Bergplateau, das durch den Abhang und westlich durch den eingeschnittenen Straßenzug des Kohlenbergs (ehemaliger innerer Stadtgraben) begrenzt ist. Sie ist die bedeutendste spätgotische Hallenkirche am Oberrhein. Die erste Leonhardskirche dürfte aus der zweiten Hälfte des 11. Jhs. sein. Mit Ausnahme der Krypta wurde sie, wie auch das dazugehörende Kloster, vollständig zerstört. Die Leutkirche wurde in den Jahren 1480–1520 als reine Halle nach Plänen des Grazers Hans Niesenberg neu gebaut, wobei unklar ist, ob der Münsterbaumeister Hans Nussdorf ebenfalls daran beteiligt war. Nach der Einführung der Reformation 1529 wurde sie zu einer der damals vier Pfarrkirchen der Stadt.

Inneres (geöffnet täglich 8.30–18 Uhr): Die Leutkirche besteht aus drei gleich hohen Schiffen mit schlanken Hochschiffpfeilern, Netz- und Sterngewölben mit farbig bemalten Schlußsteinen. Der Raum ist nahezu quadratisch. Die schöne *Barockorgel* (1), die seit 1968 auf dem neugotischen Lettner steht, baute 1718 der berühmte Straßburger Meister Johann Andreas Silbermann. Die feine *Holzkanzel* (2) mit einem als Krone ausgebildeten Schalldeckel wurde 1720 geschnitzt. Die kleine *Sandsteintaufe* (3) mit Ranken und Blumen, die aus dem Mund eines Menschen wachsen, stammt wie auch der fünfjochige *Lettner* aus dem 15. Jh. Das hölzerne *Wandgestühl* (4) ist wohl von 1515. Im *Fresko* (5) neben dem Haupteingang erkennt man den Schmerzensmann zwischen Jakobus und Maria Magdalena. Im Chor steht das eichene *Chorgestühl* (6) mit Figuren des Ritters Georg und eines Bischofs. Das *Sandsteingrabmal* (7) an der linken Chorwand stammt aus der Spätzeit des Chorherrenstiftes (um 1500) und zeigt die Gestalt eines Propstes. An der Chorwand darüber, vor kurzem neuentdeckt, ist das Fragment eines großen *Wandgemäldes* (8) mit Anbetung aus der Zeit um 1450 in italienischer Manier illusionistisch gemalt ein Meisterwerk von hohem Rang. In der Darstellungsart der Köpfe sind Beziehungen zu Konrad Witz zu erkennen. Im *Mittelfenster* Glasmalereien (um 1485; 9), die Verkündigung der Maria und zwei Stadtwappen von Anton Glaser. Darunter der seltene goldene Basler Stab sowie der Kirchenpatron, um 1480, neu entdeckt. In der *THEOBALDKAPELLE* nördlich des Chores fallen die knieende Figur und das edle *Grabmal des Stifters* (10) Ritter Hüglin von Schöneck (um 1360), auf; von den beiden Gewölbeschlußsteinen zeigt einer das Antlitz Christi. Die Wandfresken (11) des 14. Jhs. sind hier, wie auch in der *MARIENKAPELLE* südlich des Chores, nur schwach zu erkennen. Dort sieht man die *Grabtafel* (12) eines 1388 verstorbenen Kanonikers und die Reste einer *Wendeltreppe* (13), die einst zum Dormitorium führte. Die romanische *KRYPTA* (letztes Viertel des 11. Jhs.; 14) unter dem Chor besteht aus drei Schiffen und schließt östlich in einer halbrunden Apsis. Zarte Rankenmalereien des frühen 15. Jhs. zieren die Gewölbe. An der Südwand Fragmente eines romanischen Kreuzigungszyklus (um 1170).

Die einem Kreuzgang ähnliche *FRIEDHOFSHALLE* nördlich der Kirche birgt im Inneren die alten Grabplatten bedeutender Basler Geschlechter und eine wuchtige Holzdecke. Im Obergeschoß befindet sich der "Treffpunkt Lienert", der besonders günstige Mahlzeiten abgibt.

Die Klosterbauten des Chorherrenstiftes südlich der St.-Leonhards-Kirche wurden 1842 gekürzt und neu bebaut. Sie heißen *Lohnhof*, weil nach der Reformation die städtischen Lohnherren von hier aus das öffentliche Bauwesen beaufsichtigten und entlohnten. Seit 2000 hat im Lohnhof das neukonzipierte **Musikmuseum** (Öffnungszeiten → S. 17) seinen Sitz. Auf drei Etagen sind rund 550 Instrumente und ihr Bezug zur europäischen Musikgeschichte der letzten fünf Jahrhunderte zu sehen. Schwerpunkte: Musik in Basel sowie musikalische Gattungen und Anlässe des Musizierens.

Lohnend ist auch ein Gang durch den *Heuberg,* eine ruhige Straße mit gut erhaltenen Häusern. Im Haus Nr. 33 ist der Sitz des **Frey-Grynaeischen Institutes.** Es entstand um 1750 als Stiftung durch Joh. Ludwig Frey (1682–1759) und Joh. Grynaeus (1705–44) und verfügt über eine bedeutende theologische Bibliothek, die Bände vom 15. Jh. bis heute umfaßt. Jeweils ein Theologieprofessor der Universität, zumeist ein Kirchenhistoriker, wohnt mit seiner Familie in dem Haus und betreut die Stiftung. Im Gartenhof, einst Propstgarten des Stiftes St. Leonhard, steht eine Büste des Kirchenhistorikers Karl Hagenbach. – Reizvoll sind auch die abzweigenden Gassen *Unterer Heuberg* und *Gemsberg* mit dem Gemsbrunnen (1861). Im Haus Heuberg Nr. 7, dem 1724 errichteten *Spießhof,* und in seinen Nebengebäuden ist die Materialverwaltung der Schweizer Bundesbahnen untergebracht. In einem früheren Bau wohnte um 1546 Johannes von Brügge (= David Joris), geheimes Haupt der niederländischen Wiedertäufer an diesem Ort. Als das nach seinem Tode bekannt wurde, grub man seinen Leichnam aus und verbrannte ihn öffentlich.

In der nahen Leonhardsstraße, in den Häusern Nr. 4–6, hat die **Musik-Akademie** der Stadt Basel ihren Hauptsitz. Sie wurde 1867 als Musikschule gegründet und 1905 um ein Konservatorium erweitert; seit 1954 ist ihr auch die von Paul Sacher ins Leben gerufene Schola Cantorum Basiliensis angegliedert. Im Hof steht ein anmutiger Brunnen (1813). Die früher benachbarte Musikinstrumentensammlung ist in den Lohnhof (→ S. 70) umgezogen.

Kohlenberg heißt die eingeschnittene Straße, die hinunter zum Barfüßerplatz führt. Links von ihr ragen die schroff abweisenden Mauern der Leonhardskirche und des Lohnhofes auf, rechts dominiert der Jugendstilbau (1903–06) von Stadtbaumeister Theodor Hünerwadel, in dem das Gymnasium am Kohlenberg eingerichtet ist. Davor steht die Bronzestatue "Georgs Drachenkampf" (1921–23) von Carl Burckhardt.

Vom Barfüßerplatz nach Süden verläuft die geschäftsreiche *Steinenvorstadt* mit ihren Bauten zumeist aus dem 19. und 20. Jh. Im Haus Nr. 28 wohnte von 1857–60 der Schriftsteller Carl Spitteler (→ S. 38). In der Mitte der Straße links der *Webernzunftbrunnen* (1677) mit der Figur eines Geharnischten, der das Stadtwappen hält. Im Haus Nr. 63 ist die "Komödie", eine der drei Bühnen der Basler Theater, eingemietet. Etwas rechts der Straße, dicht vor dem um 1970 errichteten Straßenviadukt, steht noch die reizvolle alte *Steinenmühle,* die bereits 1345 genannt wird. Das Wasser zum Antrieb dieser Getreidemühle lieferte ein parallel zum Birsig (→ S. 26) künstlich angelegter Kanal, der Rümelinsbach.

Die östlich parallele *Theaterstraße* wird beherrscht durch das neue, mit allen Errungenschaften der modernen Technik ausgestattete **Stadttheater** (1975). Der unregelmäßige Bau mit dem geschwungenen Dach kostete 60 Millionen Franken, die der Kanton Basel-Stadt aufbrachte. Das heutige Theater hatte drei Vorgänger am gleichen Ort. Ein erstes Theater des klassizistischen Architekten Melchior Berri ersetzte man 1875 durch einen gewaltigen neobarocken Bau, den ein Brand 1904 in Asche legte. Das dann in gleichen Formen wiedererrichtete Stadttheater löste der heutige Bau nach jahrzehntelangen Diskussionen ab. Über 400 Menschen arbeiten hier als Schauspieler, Techniker und in anderen Funktionen. Gespielt werden Schauspiel, Oper, Operette und Ballett. Das Theater hat kein eigenes Orchester; für das Musiktheater werden das Basler Sinfonie-Orchester und das Radio-Sinfonieorchester

Basel herangezogen. Das Große Haus verfügt über fast 1200, die Kleine Bühne über 320 und die "Komödie" in der Steinenvorstadt über 600 Plätze. Der Theaterplatz ist geprägt von Jean Tinguelys *Fasnachtsbrunnen* (1977).

Auf der gleichen Straßenseite wie das Theater ist an der Theaterstraße das eher düstere *Ganthaus* zu finden, in dem die amtlichen öffentlichen Versteigerungen stattfinden. In unmittelbarer Nähe steht der *Vierlindenbrunnen* (1759), ursprünglich ein Solebrunnen, der auch heute noch von dem Tempelchen beschirmt wird, unter dem einst die Aufzugseimer hingen. – Der Ausgang des Stadttheaters liegt zum Steinenberg hin, einem vom Barfüßerplatz nach Osten führenden Teilstück des Altstadtrings, an dem auch der Ausgang der Konzertsäle des Stadtcasinos liegt. Am oberen Teil des Steinenbergs befinden sich die **Kunsthalle** (Öffnungszeiten → S. 17), die Wechselausstellungen vorwiegend zeitgenössischer Kunstschaffender zeigt, sowie das dazugehörende Restaurant, das Treffpunkt vieler Künstler ist. Den klassizistisch neobarocken Bau hatte sich der 1839 gegründete Kunstverein 1872 von Johann Jakob Stehlin d. J. bauen lassen; er bildete ursprünglich ein imposantes Ensemble mit dem alten Stadttheater, das 1975 gesprengt wurde.

Oben am Steinenberg biegt die Elisabethenstraße nach Süden ab. Die große Verkehrskreuzung an ihrem Anfang umringen große "Bankpaläste", unter denen der *Schilthof* mit seinem halbrunden Eckbau besonders gefällt. Die 1856–64 aus graugelbem Sandstein aufgeführte **Elisabethenkirche** wurde von Christoph Merian-Burckhardt gestiftet "als Bollwerk gegen den Ungeist der Zeit, gegen die Entchristlichung von Staat und Gesellschaft". Der Entwurf in hochgotischen Formen, die nach dem Urteil des Stifters dem Christentum eher entsprachen als der Klassizismus, stammt von Ferdinand Stadler und wurde von Christoph Riggenbach ausgeführt. Der schöne Turm ist dem Freiburger Münster nachempfunden. Neben der Kirche taucht die Rückseite des neuen Stadttheaters auf.

Das Haus Elisabethenstr. 27, mit der noblen Fassade aus rotem Sandstein, ist das 1775–80 von Johann Ulrich Büchel (1753–92) erbaute **Haus zum Kirschgarten** (Öffnungszeiten → S. 17). Einst war es von Gärten umgeben und gehörte dem Seidenbandfabrikanten Johann Rudolf Burckhardt. Das in frühem Klassizis-

HAUS ZUM KIRSCHGARTEN

ERDGESCHOSS

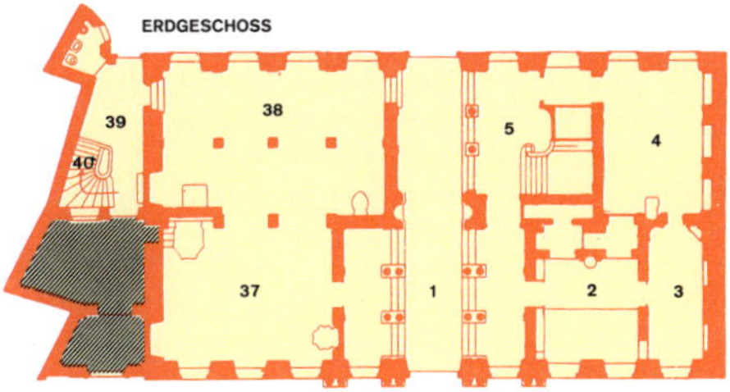

1 Kutschendurchfahrt
2 Kontor eines Seidenband-fabrikanten
3 Uhrensammlung
4 Griechischer Saal (Wechselausstellungen)
5 Treppenaufgang
37–39 Porzellane der Pauls-Eisenbeiss-Stiftung
40 Keller mit Fayence-Sammlung, Schmiede-eisen, Weinfässern

I. STOCK

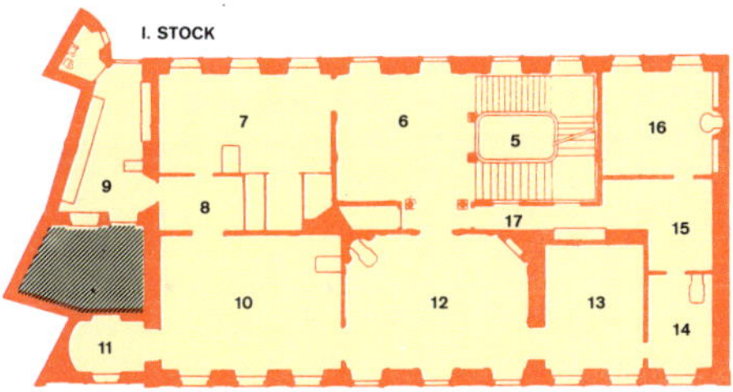

6 Vestibül
7 Alkovenstube
8 Barockkabinett
9 Kostümsammlung
10 Gr. Tapisseriestube
11 Freundschaftstempel
12 Blauer Salon
13 Louis XV-Salon
14 Tapisserienkabinett
15 Kastengang (Schänke)
16 Kammereistube (Esstafel)
17 Gang

II. STOCK

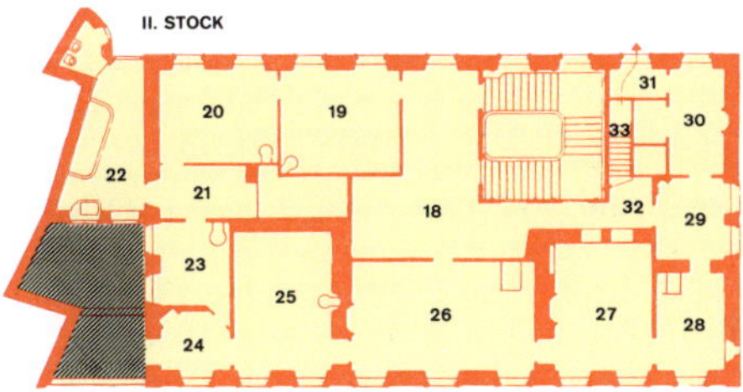

18 "Sommerhaus"
19 Visitenstube
20 Eßstube (Louis XVI.)
21 Kleiner Vorraum
22 Küche
23 Kabinett
24 Rosenboudoir
25 Schlafstube
26 Grauer Saal
27 Grünes Täferzimmer
28 Empire-Zimmer
29 Miniaturenkabinett
30 Schlafgemach
31 Toilettenkabinett
32 Gang zum Dachgeschoß
33 Kinderspielzeug

mus errichtete Stadtpalais beherbergt seit 1951 das Museum für baslerische Wohnkultur des 18. und 19. Jhs., eines der vier Häuser des Historischen Museums. Die schönen Möbel und Einrichtungsgegenstände entstammen Basler Bürgerhäusern. Neben den etwa 30 "bewohnten Stuben" sind in den Ausstellungsräumen Spezialsammlungen, die teilweise Weltgeltung haben, zu besichtigen: Die Uhrensammlung (Stand- und Taschenuhren des 17.–19. Jhs., Sand-, Öl-, und Sonnenuhren, ewige Kalender) und die bis 1986 wesentlich erweiterte Sammlung wissenschaftlicher Instrumente; daneben Porzellan (v. a. aus der Stiftung Pauls-Eisenbeiss) und Fayencen (Schweiz und besonders Straßburg) sowie Schmiedeeisen. Die Spielzeugsammlung zeigt schwerpunktmäßig in Basel gebrauchtes Spielzeug seit dem 17. Jh. und ergänzt damit den Bestand des Spielzeugmuseums in Riehen.

Am gegenüber abfallenen *Klosterberg* stehen noch gefällige alte Häuser mit Antiquitätenläden und dem von Jazzliebhabern bevölkerten "Atlantis"; am Anfang des Klosterbergs ist der *Elisabethenbrunnen* von 1863 mit der Statue der Hl. Elisabeth und wasserspeienden Schwänen zu sehen. – Die Elisabethenstraße führt zur *Elisabethenanlage* mit dem Straßburger Denkmal (→ S. 99) und zum Bahnhof SBB. Das große De-Wette-Schulhaus an der De-Wette-Str. 7 erbauten Fritz Stehlin und Emanuel La Roche 1900–03 in neobarockem Louis-XV.-Stil. Vom Bahnhofsplatz führt der Aeschengraben zurück zum *Aeschenplatz*, wo seit 1986 die **Börse** ihr Domizil hat (Besuchsmöglichkeiten → S. 19). Vorher war die 1876 gegründete Basler Effektenbörse seit 1908 in der Marktgasse 10 untergebracht (→ S. 53). Wichtigste Wertpapiere waren anfangs die neuen Eisenbahnaktien.

Die Aeschenvorstadt, die die Freie Straße nach Südosten fortsetzt, mündet ebenfalls auf den verkehrsreichen Aeschenplatz, wo bis 1861 das Aeschentor stand. Unter den in der Straße vorherrschenden Büroblocks ragen die Häuser Nr. 13 und Nr. 15 heraus; Nr. 15, das *Haus zum Raben* (1763–65; vermutlich von Samuel Werenfels), besitzt einen bis zum Kunstmuseum reichenden schönen Garten. Geschäftshäuser dominieren auch die parallel laufende Dufourstraße, die vom Aeschenplatz zum Kunstmuseum führt.

Das ****Basler Antikenmuseum und Sammlung Ludwig** (Öffnungszeiten → S. 16) am St.-Alban-Graben 5 ist in einem klassizistischen Bürgerhaus und seit 1988 in der danebenliegenden Dompropstei untergebracht. Das Bürgerhaus wurde 1826 von Melchior Berri gebaut, die Dompropstei auf der Grundlage seiner Pläne um 1828 für die Familie Bachofen umgestaltet. Das 1966 eröffnete Museum, dessen Kern Objekte aus baselstädtischem Besitz bilden, verdankt

TELLER DES PSIAX

seine Gründung den Schenkungen und Legaten privater Sammler, unter ihnen Robert Käppeli und Giovanni Züst. Seit 1980 haben die Museumsbestände durch die Schenkung der Antikensammlung des Ehepaares Peter und Irene Ludwig eine bedeutende Erweiterung erfahren. Schwerpunkt der Sammlung bildet die griechische Kunst der archaischen und klassischen Zeit. Aus der Vasenmalerei in Athen sind nahezu alle berühmten Maler vertreten. Außerdem vereinigt die Sammlung hervorragende griechische und römische Marmorskulpturen, Bronzestatuetten und Gebrauchsgeräte, Tonfiguren und Goldschmuck. Didaktische Ausstellungen und Werkräume für exemplarische Arbeit vor allem mit Kindern und Jugendlichen befinden sich im Hinterhaus. Ein Gartencafé lädt zum Verweilen ein.

Gegenüber, am St.-Alban-Graben 10, hat die **Schweizerische Nationalbank,** die auch die Schweizer Banknoten herausgibt, eine Zweigstelle. Ihr obliegt es, die nationalen geldpolitischen Weisungen (Diskontsatz, Lombardsatz, Mindestreserven) ihrer Zentrale bei den Geschäftsbanken durchzusetzen. Über sie gleichen die einzelnen Geschäftsbanken auch ihre gegenseitigen Forderungen und Verbindlichkeiten aus.

Das ****Kunstmuseum** liegt gleich neben der Schweizerischen Nationalbank am St.-Alban-Graben (Öffnungszeiten → S. 17). Es beherbergt die größte und bedeutendste öffentliche Kunstsammlung der Schweiz und zählt mit seinen Schwerpunkten auch inter-

national zu den wichtigsten Museen seiner Art. Die meisten alten Bestände gehen auf das 16. Jh. und den Basler Sammler Basilius Amerbach (1533–91) zurück, dessen Vater mit dem Humanisten Erasmus von Rotterdam und dem Maler Hans Holbein befreundet war. 1661 von der Stadt erworben, bildete das sog. Amerbach-Kabinett das erste Museum Europas im Besitz eines städtischen Gemeinwesens. 1671–1849 war die Sammlung zusammen mit der Universitätsbibliothek im Haus zur Mücke beim Münsterplatz eingerichtet, dann zog sie in das klassizistische Museumsgebäude, das Melchior Berri 1843–49 an der Augustinergasse gebaut hatte und in dem heute das Naturhistorische Museum und das Museum der

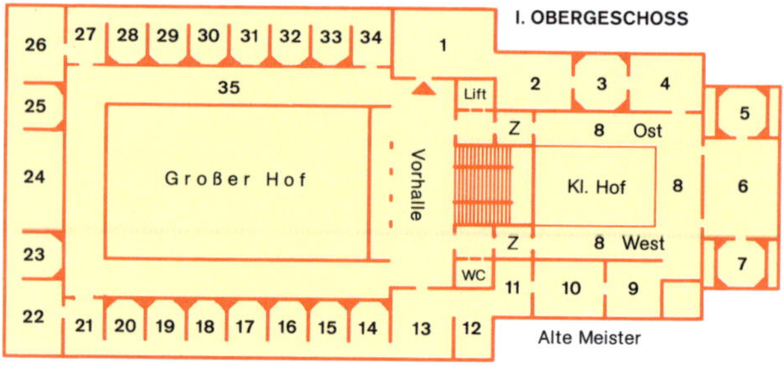

1-13 Alte Meister, 15. und 16. Jahrhundert (Konrad Witz [1], Holbein [5-7], Hans Baldung und Niklaus Manuel [10])

14-21 Flämische und holländische Malerei, 2. Hälfte 16. bis Ende 17. Jahrhundert (Rembrandt und Rubens [15])

22-29 Französische Malerei, 19. Jahrhundert (u.a. Impressionisten, Cézanne, Gauguin, van Gogh)

30-34 Deutsche und schweizerische Malerei, spätes 18. und 1. Hälfte 19. Jahrhundert (u.a. C. Wolf, Nazarener, J.H. Füssli)

35 Deutsche und schweizerische Malerei, 2. Hälfte 19. Jahrhundert (Böcklin, Feuerbach, Hodler u.a.)

Kulturen untergebracht sind (→ S. 45). Seinen endgültigen Standort fand das Kunstmuseum schließlich in dem 1932–36 von Rudolf Christ und Paul Bonatz erstellten imposanten Bau mit dem fast feierlich wirkenden Säulen- und Hofzugang, der ebenfalls als Ausstellungsraum genutzt wird. Auguste Rodins Skulptur "Die Bürger von Calais" hat hier ihren Platz, aber auch moderne Plastiken sind dort zu finden.

Malerei und Zeichnung des Oberrheins von 1400–1600 lassen sich im Kunstmuseum fast lückenlos verfolgen. Unter anderem besitzt das Museum elf von den heute zwanzig bekannten Werken von Konrad Witz, darunter neun Tafeln des "Heilspiegel-Altars" (um 1435), von Hans Fries sechs Tafeln eines Marien-Altares (um 1512) und die beiden Flügel eines Johannes-Altares (1514), von Hans Baldung gen. Grien die großen Altartafeln "Geburt Christi" (1512), "Der Tod und das Mädchen" (1517) und "Der Tod und die Frau". Auch Lucas Cranach d. Ä., Niklaus Manuel, Rembrandt, Hans Leu d. J. sind stark vertreten, ebenso natürlich Hans Holbein d. J. (um 1497/98–1543), von dem das Kunstmuseum das größte bestehende Zeichnungsensemble besitzt. Der ebenfalls weltweit größte und wichtigste Bestand an Werken des Baslers Arnold Böcklin (1827–1901) leitet über ins 20. Jh., zum zweiten glanzvollen

Akzent dieser Sammlung: Picasso, Braque, Gris, Léger, Newman, Wiemken, Tinguely, Beuys, Brancusi, Twombly sind hier zu sehen, um nur ein paar wenige zu nennen. Das Basler Kunstmuseum ist wohl die einzige Sammlung überhaupt, in der Bilder von Picasso hängen, deren Erwerb auf eine Volksabstimmung zurückgeht.

Das **Kupferstichkabinett** (Öffnungszeiten → S. 17) ist räumlich im gleichen Haus untergebracht, stellt aber einen eigenen Sektor dar: Zeichnungen und Originalgraphiken vom 15. Jh. bis zur Gegenwart sind das Spezialgebiet. Schwerpunkte setzen die Zeichnungsensembles von Hans Holbein d. Ä. und d. J. sowie Zeichnungen von Albrecht Dürer und Urs Graf, von dem das Kupferstichkabinett 125 Blätter und damit einen großen Teil der erhaltenen Werke überhaupt besitzt. Einen Hauptakzent der neueren Zeit bilden 50 Zeichnungen aus fünf Skizzenbüchern von Paul Cézanne. Analog dazu sind Joseph Beuys und Jasper Johns vertreten.

Die umfangreiche **Fachbibliothek,** die zugleich Hausbibliothek des Museums und Bibliothek des Kunsthistorischen Seminars der Universität ist, steht auch der Öffentlichkeit zur Verfügung. Sie umfaßt kunsthistorische Literatur zur Malerei, Graphik und Plastik vom Mittelalter bis zur Gegenwart.

Die am Münsterplatz beginnende und gegenüber vom Kunstmuseum endende Rittergasse säumen schöne barocke Palais. Im Mittelalter wohnten hier die Gefolgsleute des Bischofs. Den Anfang macht rechts ein Gebäude im Stil des Historismus; gegenüber

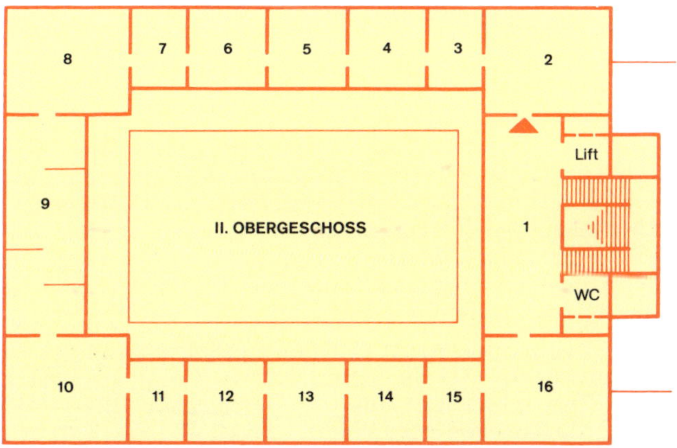

Malerei und Plastik des 20. Jahrhunderts mit Schwerpunkten Kubismus (Picasso [1], Braque und Gris [5], Léger [8]), Expressionismus (Munch, Corinth, Marc, Kokoschka, Nolde, Kirchner), Bauhaus (Klee [11], Schlemmer), Konstruktivismus (Mondrian, De Stijl), Dada und Surrealismus (Dali, Tanguy, Arp, Ernst) Kunst nach dem Zweiten Weltkrieg Abstrakter Expressionismus (Newman, Rothko), Dubuffet, A. Giacometti [10], Jasper Johns [15], Tinguely, Pop Art.

befindet sich der *Bischofshof,* der für Bischof Arnold von Rotberg 1451–58 ausgebaut worden ist. Nr. 10 ist das schöne *Haus zum Delphin* von Samuel Werenfels (1760). Gegenüber im Garten ein weiterer Bau in neubarocken Formen *Zum Ulrichsgärtlein* (Emanuel La Roche); daran grenzen der *Ramsteiner Hof* (J. Carl Hemeling; 1727–32) und der *Hohenfirstenhof* (1583). Nr. 29 ist die einstige *Kapelle* des Deutschritterordens (1431, 1844 von Melchior Berri verändert), der der Straße den Namen gegeben hat.
Rittergasse Nr. 20 ist der 1740–58 erbaute *Ritterhof,* der als Altbasler Herrschaftshaus mit seinen Kontoren einen Gartenhof umschließt. Beachtenswert ist auch in der rechts abzweigenden Bäumleingasse das Haus Nr. 18 *Zum Luft,* das der Buchdrucker Hieronymus Froben bewohnte. Im Erdgeschoß unterhielt er seine Werkstatt. Als sein Gast wohnte hier der Humanist Erasmus von Rotterdam vom August 1535 bis zu seinem Tode am 11. 7. 1536 (Gedenktafel). Im Obergeschoß befindet sich das Sterbezimmer mit Kopien zweier Holbein-Bilder und dem Wahlspruch des Erasmus "concedo nulli". Der spätklassizistische Bau (Nr. 3) gegenüber ist das *Gerichtsgebäude.*

Sehr lohnend ist ein Gang durch die **St.-Alban-Vorstadt,** die komplexeste und vermutlich älteste der Vorstädte, die die Rittergasse nach Osten fortsetzt. Der quer dazu verlaufende St.-Alban-Graben mündet in die über den Rhein nach Kleinbasel führende *Wettsteinbrücke* (1876–79 erbaut, 1936–39 verbreitert, 1995 Neubau abgeschlossen). Sie heißt nach dem Basler Bürgermeister Johann Rudolf Wettstein, durch dessen Geschick die Schweiz 1648 im Frieden von Münster die formelle Unabhängigkeit erlangte. Im Haus *St.-Alban-Vorstadt* Nr. 28 befindet sich das **Karikatur & Cartoon Museum Basel** (Öffnungszeiten → S. 17). In Wechselausstellungen werden Originalwerke von Künstlern aus aller Welt gezeigt; die Begegnung mit bekannten Namen macht dabei ebenso Freude wie die Internationalität der Themen.

Unter den vielen prächtigen Gebäuden gefallen besonders *Nr. 5* "Zum Sausenberg" (18. Jh.), *Nr. 17* "Zum Geist" (Neubarock), *Nr. 25* "Zum schwarzen Adler" von Melchior Berri (1839), *Nr. 30/32* "Löwenberg- oder Wildensteinerhof" (um 1780), *Nr. 35* "Zum Hohen Dolder" (frühes 16. Jh., seit jeher Sitz der Vorstadtgesellschaft gleichen Namens) mit einem spätgotischen, mit Szenen der Tellsgeschichte bemalten Saal, *Nr. 36/38* "Zum goldenen Löwen" (um 1740), das bis 1963 in der Aeschenvorstadt stand, dem Erweiterungsbau einer Bank weichen mußte und von ihr hier wiederaufgebaut wurde, *Nr. 41* ein toskanisches Palästchen, *Nr. 64,* in dem 1866–92 Jacob Burckhardt wohnte, sowie das Fachwerkhaus *Nr. 60,* das 1852–54 ebenfalls von Melchior Berri gebaut wurde und heute das Restaurant St.-Alban-Eck beherbergt. Sehenswert sind auch die vielen Hinterhöfe sowie Melchior Berris Wohnhaus an der Malzgasse 16, einer Querstraße zur St.-Alban-Vorstadt. Die äußeren Teile der St.-Alban-Vorstadt bis zum St.-Alban-Tor stehen unter dem Zeichen des späten, eleganten Klassizismus. Das hohe viereckige **St.-Alban-Tor** geht, in seinem unteren Teil mit durchgehenden Buckelquadern geschlossen, noch ins 13. Jh. zurück, wo es als Vorstadtbefestigung diente. Nach dem Erdbeben von 1356 wurde es in den oberen Partien ausgebaut, und der Verband der erweiterten Stadtmauer nach ihm ausgerichtet. Es besitzt in der Durchfahrt eine kräftige Balkendecke. 1871 wurde das Tor stark verändert und das Wachhaus auf der Rheinseite angefügt. 1976 hat man das Tor restauriert und das Dach auf seine ursprüngliche Höhe zurückgeführt. Die St.-Alban-Anlage mit den hohen Bäumen vor dem Tor wurde auf Betreiben Karl Sarasins (1815–86) angepflanzt.

Die Straße St.-Alban-Berg verläuft vorbei am *Haus Zem halben Bären* (1289) und dem malerischen *Pfefferhof* (1683) über den auch "Dalbedych" genannten Gewerbekanal *St.-Alban-Teich* zu einem halbrunden *Stadtturm*. Diesen verbindet die noch erhaltene **Stadtmauer** mit einem zweiten Turm. Von dort führt die Mauer mit einem gedeckten Wehrgang zum St.-Alban-Rheinweg. Den *Letziturm,* früher direkt am Rheinufer, zieren eine geschwungene Haube und Reliefs an den Schießscharten. Im St.-Alban-Tal 43 ist seit 1986 die *Münsterbauhütte* eingerichtet.

Nur einen Steinwurf entfernt befindet sich die *Gallicianmühle,* die als Basler Papiermühle in das sehr lebendige ***Museum für Papier, Schrift und Druck** umfunktioniert worden ist (Öffnungszeiten → S. 17). Der Bau zählt zu den ältesten Papiermühlen der Stadt, durch die sich bereits im 15./16. Jh. Druckereien entwickeln konnten und Basel zu einem Zentrum der Papierherstellung und des Buchdrucks machten. Das Museum wurde als Arbeitsmuseum eingerichtet; man kann also einzelne Arbeitsgänge der Papierherstellung und des Drucks mitverfolgen, welche von fachkundigem Personal vorgeführt werden. Im Mühlenraum beeindrucken die große Bütte, aus der das Papier von Hand geschöpft wird, und die Stampfen und Hammerwerke, die alle vom Mühlenrad am Gewerbekanal angetrieben werden. Im Museum sind auch Vorläufer des Papiers und Dokumente zur Papiergeschichte zu sehen; ebenso

Schriftsysteme, Alphabete, die Entwicklung unserer Schrift und, in der spätgotischen Wohnstube der Gallician, ein Schreiber bei der Arbeit. Vom Mittelalter zur Neuzeit fortschreitend kommt man zur Schriftgießerei, wo die Lettern für den Handsatz gefertigt werden. Im zweiten Stock sind Setzerei und Druckerei eingerichtet. Hier werden im Handsatz Drucksachen gesetzt und auf alten Buchdruckmaschinen gedruckt. Auf einer kleinen Boston-Tiegelpresse können die Besucher ihr zuvor geschöpftes Papier unter Anleitung bedrukken. Der dritte Stock beherbergt die Buchbinderei, wo die bedruckten Bogen zu Büchern gebunden und weitere Buchbindearbeiten sowie die Herstellung von Marmorpapier gezeigt werden. Das Museum lebt davon, daß nicht nur vorgeführt, sondern auch produziert wird; denn vieles, was der Besucher vor sich entstehen sah, kann er im Museumsladen auch erwerben und mit nach Hause nehmen.

Ein paar Schritte zurück zur Stadt, am St.-Alban-Rheinweg 60, das **Museum für Gegenwartskunst** (Öffnungszeiten → S. 17), das sich ganz der modernen Kunst widmet. Das Gebäude besteht aus einer renovierten Papierfabrik und einem Neubau mit polygonal gebrochenem Grundriß und fügt sich ausgezeichnet in das St.-Alban-Tal ein, das im wesentlichen durch Bauten des Kleingewerbes und Fabriken aus dem 19. Jh. geprägt wird. Den beiden Basler Architekten Katharina und Wilfrid Steib ist mit diesem Gebäude eine Symbiose zwischen alt und neu gelungen. Die umgebaute Fabrik und der neue Trakt stehen sich kontrastreich gegenüber, wobei eine dreigeschossige verglaste Passerelle den St.-Alban-Teich überbrückt, der sich zwischen den beiden Gebäuden hindurchzwängt. Große Fenster schaffen fließende Bezüge zwischen der Architektur des alten Stadtteils und den ausgestellten Kunstwerken der Gegenwart. Der Bau des Museums ist Maja Sacher, der damaligen Präsidentin der Emanuel-Hoffmann-Stiftung, und der Christoph-Merian-Stiftung zu verdanken. In dem Haus werden Werke der Öffentlichen Kunstsammlung sowie der Sammlung der Emanuel-Hoffmann-Stiftung gezeigt und Ausstellungen durchgeführt.

Das in Europa bisher einzigartige Museum für Gegenwartskunst ist eine Zweigstelle der Öffentlichen Kunstsammlung (Kunstmuseum). In raumintegrierter Präsentation sind die wichtigsten Kunstrichtungen seit den späten sechziger Jahren zu sehen: Werke der Minimal Art und Konzeptkunst, der Malerei der achtziger Jahre und der Videokunst. Sammlungsschwerpunkte bilden Werkgruppen von Bruce Nauman, A. R. Penck, Joseph Beuys und Robert Gober. Aber auch repräsentative Arbeiten von Donald Judd, Carl Andre, Jonathan Borofsky, Mario Merz, Alghiero Boetti, Miriam Cahn, Enzo Cucchi, Francesco Clemente, Gary Hill und Rosemarie Trockel sind hier zu sehen.

Unter den Häusern des kurzen Straßenzuges **St.-Alban-Tal** sind besonders beachtenswert Nr. 34, das *Heuslersche Haus* (1514, 1614 und Rokoko), Nr. 41, die *Richenmühle* (Baudaten 1519, 1542 und 1564) sowie Nr. 44/46 (Wohngebäude um 1720). Der *St.-Alban-Teich,* ein mehrarmiger Kanal zum Treiben von Wasserrädern, wurde von den Mönchen des nahen Klosters St. Alban angelegt, indem sie einfach den Birsfluß (→ S. 102) beim südlich im Kanton Basel-Landschaft gelegenen Dorf Münchenstein ableiteten. Beim St.-Alban-Tal überquert die vom Strömungsdruck getriebene Fähre "Wilde Maa" ("Wilder Mann") den Rhein. Hier sind – wie das ganze Rheinufer entlang – Fischergalgen zu finden, die beweisen, daß es auch nach der Brandkatastrophe von Schweizerhalle vom 1. November 1986 noch Fische im Rhein zu fangen gibt. Am Rheinufer des St.-Alban-Tals liegt innerhalb einer alten Häuserzeile der *Gasthof zum Goldenen Sternen,* das älteste Wirtshaus der Schweiz, das von 1412–1965 in der Aeschenvorstadt stand, dann aber dem Straßenbau weichen mußte und 1972–75 im St.-Alban-Tal wiederaufgebaut wurde. Dekorationsmalereien aus der Spätgotik und dem 17. Jh., die bemalte Balkendecke und die Reste von Wandmalereien aus dem 16./17. Jh. in den Sälen geben dem historischen Gebäude eine besondere Note.

In unmittelbarer Nähe liegt hinter einer Kastanienallee die reformierte **St.-Alban-Kirche** mit dem ältesten romanischen Kreuzgang der Schweiz. Sie ist nach dem irischen Glaubensboten St. Alban benannt. 1845 wurde sie von Johann Jacob Stehlin d. J. umgebaut, das Innere 1911 renoviert; derzeit dient sie u. a. der russisch-orthodoxen Gemeinde. Auffallend sind die Grabplatten und die Pflanzenmotive an den Kapitellen. Die Klosterbauten wurden im 19. Jh. erhöht und zu Wohnungen umgebaut – von 1838–48 wohnte dort unter anderem Wilhelm Wackernagel (* 1806 in Berlin, † 1869 in Basel), Germanist und Professor an der Universität Basel. Vom Kreuzgang blieben der Nord-Flügel aus dem 11. Jh. und die Grabplatte Rudolf von Brünighofens (1385–1405) übrig.

Stadtbesichtigung 6: Die Kleinbasler Altstadt

Am stadtnahen Ende der St.-Alban-Vorstadt kommt man rechts zur **Wettsteinbrücke,** die zum rechtsrheinischen Kleinbasel führt. Der von einem Basler Architekten-Konsortium erstellte Brückenneubau wurde 1995 abgeschlossen und ersetzt eine Vorgängerbrücke gleichen Namens. Auf der Großbasler Seite ist am Brückenkopf ein imposanter "Basilisk" (s. S. 24) zu sehen.

Am Kleinbasler Brückenkopf beim Wettsteinplatz stehen die reformierte St.-Theodors-Kirche und davor der *Wettsteinbrunnen* von Alexander Zschokke (1955). Er zeigt den Bürgermeister Johann Rudolf Wettstein (1594–1666), der 1648 zu Münster und Osnabrück im Westfälischen Frieden nach dem Dreißigjährigen Krieg die Verselbständigung Basels und der Eidgenossenschaft vom Heiligen Römischen Reich deutscher Nation erreichte. Errichtet wurde der Brunnen zur Erinnerung an den Kauf des (österreichischen) Kleinbasel durch die Stadt 1392.

Die **St.-Theodors-Kirche** (→ Plan S. 84) ist Paradebeispiel einer mittelgroßen oberrheinischen Stadtkirche der Hochgotik. Die Schäden des Erdbebens von 1356 wurden 1377 behoben, gebaut wurde an der Kirche erneut im Jahr 1422, restauriert wurde sie 1836, 1863, 1882–83 und 1942–48. An den Außenmauern sind Grabplatten aus dem 18. und 19. Jh. angebracht, der Innenraum (Besichtigung nach Anmeldung beim Kuster, Claragraben 43, Tel. 691 26 63) ist reich geschmückt mit scherenschnitthaften Malereien (1420). Im südlichen Seitenschiff ist ein monumentales Christophorusbild (8) aus der zweiten Hälfte des 14. Jhs. zu finden. Der spätgotische Taufstein (3) aus Sandstein (um 1500), eine prächtige Kanzel (1497; 4); Umrisse der Heiligen Eucharius und Antonius Eremita (um 1460–70), Glasgemälde (9), die den Schmerzensmann und den Hl. Antonius darstellen (um 1370), flachgeschnitztes Gestühl (6) im Chor und Seitenschiff (um 1470) sind weitere Kostbarkeiten. In dem versteckten Raum unter dem einstigen Südturm wohnten die Kranken und Aussätzigen dem Gottesdienst bei.

Die einstige **Kartause** gegenüber dem Hauptportal von St. Theodor, ist ein spätgotisches Ensemble eines klösterlichen Wirtschaftshofes, das bis ans Rheinufer reicht und seit 1669 als Waisenhaus dient. Im

ST.-THEODORS-KIRCHE

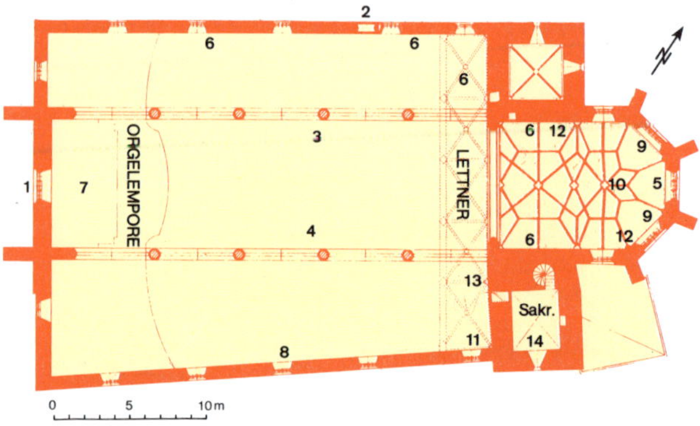

1 Hauptportal
2 Nordportal
3 Taufstein (um 1500)
4 Kanzel (1497)
5 Ehem. Sakramentshaus (1528)
6 Chorgestühl (1470)
7 Orgel (1916)
8 Christophorusbild (2. Hälfte 14. Jh.)
9 Schmerzensmann und Antonius (um 1370)
10 Chorschlußsteine (um 1500)
11 Marienscheibe (um 1526)
12 Vier Totenschilde (16. Jh.)
13 Epitaph Falkner (+ um 1566)
14 Christus, Christophorus und St. Martin, Freskenreste

Hof steht südlich der *Caritasbrunnen* (Balthasar Hüglin; 1677). In die 1408–16 erbaute *KIRCHE* zog Ruman Faesch 1487–88 ein Netzgewölbe ein. Der Kirchenraum, ursprünglich länger, war geteilt in die Laienkirche und den Mönchschor. An den Wangen des Chorgestühls (1428) verdienen die Marienverkündigung und die beiden Apostel einen Blick, ebenso die Fresken zur Brunolegende im kleinen, nördlich an die Kirche grenzenden Kreuzgang. In dem Gebäude am Eckturm befindet sich das Zschekkenbürlin-Zimmer, die einzige am Ort erhaltene gotische Stube in Basel. Das flache Sternengewölbe der Decke, die mit in die Täfelung des Raumes einbezogen ist, vermittelt in ihrer vornehmen Art die ursprüngliche Verwendung des Zimmers als Prunkraum für hohe Gäste des Klosters. An der Rheinseite der Kartause sind in die Außenmauern zwei Türme, der *Kartäuserturm* und der *Pulverturm,* der alten

Stadtbefestigung eingebaut. Zu sehen sind sie vom *Oberen Rheinweg,* dem flußabwärts zu folgen sich lohnt: Gefällige Häuserfronten säumen den Weg. Von hier aus bietet sich ein schöner Blick auf das Münster und die Großbasler Rheinfront. Zwischen Oberem Rheinweg und Münster verkehrt die Münsterfähre “Leu” (= Löwe) an einem über den Rhein gespannten Seil. Im Haus Nr. 93 wohnte von 1844–68 der Chemiker Christian Friedrich Schönbein (→ S. 37). Vom Oberen Rheinweg führt eine Treppe hinauf zur Mittleren Brücke, an deren Kleinbasler Brückenkopf das 1838–41 von Amadeus Merian im mild byzantinisierenden Biedermeier erbaute *Haus der Kleinbasler Ehrengesellschaften* liegt; in dem Gebäude haben das Hotel Merian und das Café Spitz ihr Domizil.

Der Untere Rheinweg, am Flußufer nördlich der Brücke, führt vorbei an der Mechelmühle zur angrenzenden Nr. 26, dem **Museum Kleines Klingental,** das seit 1939 die Originale der Münsterskulpturen und den Sitz der Basler Denkmalpflege aufnimmt. Bis zur Aufschüttung des Rheinweges im 19. Jh. lag es direkt am Flußufer. Früher war es Wirtschaftstrakt des Nonnenklosters Klingental und birgt in seinen gotischen Räumen die aus der Nähe noch eindrucksvolleren Originalskulpturen aus dem Münster sowie das mit Akribie gebaute Stadtmodell, welches die einstige Gestalt Basels erkennen läßt (Öffnungszeiten → S. 17).

Im *Refektorium* stehen gotische Skulpturen aus dem Münster, darunter die Reiterfiguren des Hl. Georg (nach 1372) und des Hl. Martin (nach 1343) von der Westfassade, die vier Evangelisten und phantastische Wasserspeier (15. Jh.). In der angrenzenden *Klosterküche* Maßwerkteile, die Statuen Kaiser Heinrichs II. und Kunigundes (um 1420), die Heiligen Drei Könige und die Madonna (um 1425) von der Spitze des Westgiebels. Im *Täfersaal* ist ein minutiös nach dem Plan Mathäus Merians (1615) vom beinahe 80jährigen Alfred Peter gebautes Modell der Altstadt aufgestellt und im *Saal* darüber die romanischen Konsolen aus dem Chor des Münsters (meist im Original), die Galluspforte im Gipsabguß sowie die Vincentius- und die Aposteltafel, Teile des hölzernen Glücksradfensters (letztes Drittel des 12. Jhs.) und die dazugehörigen Figuren. Neue Dauerausstellung “Kloster Klingental in Kleinbasel” mit Modell des Klosters um 1510.

RITTER GEORG

1274 siedelte der 1233 gegründete Konvent von Wehra ins **Kloster Klingental,** der aufwendigsten Dominikanerinnenkirche des späten 13. Jhs. am Oberrhein; zuvor war er im elsässischen Hüseren bei Egisheim und im unteren Wehratal bei Säckingen ansässig gewesen. Walther von Klingen, Minnesänger und Freund Rudolfs von Habsburg, der Wohltäter des Klosters im Wehratal, gab auch den Namen für die Basler Gründung. Nach einer Blütezeit im 15. Jh., während der bis zu fünfzig Nonnen hier lebten, kehrte sittlicher Verfall ein: Die Klosterfrauen konnten sich der Zucht ihrer Obrigkeit erfolgreich entziehen und mit Einführung der Reformation 1529 zogen die meisten fort und heirateten. In der Folge wurde die Kirche als Lager und Fruchtschütte verwendet und in den Klosterbauten wurde die Stadtgarnison einquartiert. Nach dem weitgehenden Abbruch des eigentlichen Klosters mit Kreuzgang 1860–63 errichtete Johann Jakob Stehlin d. J. die rötlich getünchten Kasernenbauten, die jetzt das *Kulturzentrum Kaserne* (→ S. 17) aufnehmen. Die ehemalige *Dominikanerinnenkirche* birgt trotz des Umbaues im Inneren im Chor noch die Kreuzgewölbe mit schönen Schlußsteinen.

Vom einstigen kleinstädtischen Gepräge in Kleinbasel zeugen noch die Häuser in der *Webergasse* und der *Ochsengasse*. Vor der nahen St.-Clara-Kirche erinnert ein von den Badener Nachbarn nach dem Zweiten Weltkrieg gestifteter *Brunnen* an die Hilfe der Basler in der Not. Die katholische **St.-Clara-Kirche** , ein hell verputzter Bau mit kleinem Dachreiter, gehörte zu einem Clarissinnenkloster, das sich 1279 hier niedergelassen hatte. Nach der Reformation wurde der Kirchenchor wegen der neu anzulegenden Claraschanze abgerissen. Der heutige Bau setzt sich aus dem stehengebliebenen gotischen Langhaus und einer Ergänzung von Amadeus Merian (1858–61) zusammen, wobei alte Bauteile (fünf Joche im Langhaus) mit einbezogen wurden. Im Innern zieren Stifterreliefs die westlichen Hochschiffpfeiler, den Chor das silbervergoldete Sonntagskreuz (15. Jh.) und das sog. Fahnenkreuz (15. Jh.), die der Gemeinde 1834 aus dem Basler Münsterschatz zugewiesen wurden.

In der *Rheingasse* stehen noch zahlreiche Häuser des 14.–16. Jhs. In Nr. 22 wohnten von 1460–80 die Basler Baumeister Jacob Sarbach, genannt Labahürlin und Ruman Faesch. Kleine Gassen führen zum nahen Rheinufer. Südöstlich am *Lindenberg* steht ein schloßartiger Bau mit vier Ecktürmen, heute kath. Pfarrhaus. Gegenüber am Haus Nr. 5 einer der anmutigen, 1843 von Melchior Berri entworfenen Briefkästen. – Die *Riehentorstraße* wurde einst durch das Riehentor gesperrt, das 1864 abgerissen wurde. Beim einstigen Gesellschaftshaus zum Rebhaus steht der *Rebhausbrunnen* (16. Jh.) mit einer Löwenfigur und Nymphen. In der *Utengasse* 36 das

Arbeitsamt in expressionistischer Formgebung und schräg gegenüber in Nr. 13 übt die Knabenmusik der Stadt Basel, die auch auf der Straße zu hören ist. Stattliche Häuser sind auch an der *Rebgasse* zu finden. Nr. 3 war einst Pfisterei (Bäckerei) des Klosters St. Clara, Nr. 19 ist ein hübsches Rokokohaus, erbaut 1766–67 von Lucas Pack und Nr. 38 ist heute das Pfarrhaus St. Theodor.

Im Nordteil von Kleinbasel dehnt sich ein Vorstadtquartier aus. Vor allem in den dem Rhein zugewandten Straßen findet man reizvolle Wohnhäuser aus dem Ende des 19. Jhs. Das *Wettsteinschulhaus* (1880–82) am Claragraben, die reformierte Kirche *St. Matthäus* (1896) sowie das *Bläsi-Schulhaus* (1892) sind gute Beispiele für historischen Baustil. – Nördlich der Dreirosenbrücke dehnen sich ein Werk der *Novartis AG* (früher Ciba) und der Rheinhafen Kleinhüningen (→ S. 121) aus.

ÄUSSERE STADTTEILE UND UMGEBUNG

1. Der Nordwesten

Nördlich des St.-Johanns-Tores an der Elsässerstraße lag einst eine der *Öffentlichen Bade- und Waschanstalten* (T. Hünerwadel; 1905), die jetzt als Jugendtreffpunkt und Büro der Basler Freizeitaktion dient. Auch das düstere Areal des 1970 verlegten alten *Schlachthofes* (1870) befindet sich hier. In den roten Hallen, von denen ein Teil bereits abgerissen wurde, übt zeitweise der Zivilschutz; der Hauptturm ist dem St.-Johanns-Tor nachempfunden (vgl. unten).

Nördlich von Voltastraße und Dreirosenbrücke ragen die hohen Getreidesilos des *Rheinhafens St. Johann* (1906–11, 1935 erweitert) zum Himmel. Westlich an ihn grenzt die Chemiefirma **Sandoz,** 1886 von Edouard Sandoz (Kaufmann) und Alfred Kern (Chemiker) als Farbenfabrik gegründet und heute zu einem bedeutenden Chemiekonzern mit ca. 49 000 Beschäftigten in der ganzen Welt gewachsen. Neben den einst Grundlage der Produktion bildenden Farbstoffen werden heute Arzneimittel, Pflanzenschutzmittel und Nährmittel hergestellt. Bei den Medikamenten herrschen Herz-Kreislauf-Mittel und Psychopharmaka vor. Durch die 1996 vollzogene Fusion mit dem Chemiegiganten Ciba (→ S. 120) entstand die **Novartis AG,** ein Konzernriese, der im weltweiten Pharmabereich nun auf Marktposition zwei vorrückt.

Westlich vom *Güterbahnhof St. Johann* wurde 1970 der neue **Schlachthof** für den Kanton und das Umland fertiggestellt, der hinter Zürich an zweiter Stelle rangiert. – Westlich der Flughafenstraße ist die *Psychiatrische Universitätsklinik* in mehreren einzelnen Häusern untergebracht. Den ältesten Bau an der Wilhelm-Klein-Straße errichteten die Architekten Gustav Kelterborn, Paul Reber und Hermann Reese 1884 im Stil italienischer Neorenaissance.

Nordwestlich des Klinikbezirkes liegt das *Paraplegikerzentrum,* die Spezialklinik für Querschnittgelähmte. Das angrenzende *Werkstätten- und Wohnzentrum Basel,* eine Abteilung des Bürgerspitals, erhielt seinen Namen "Milchsuppe" der Sage nach davon, daß einst ein alter, scheinbar armer Mann im Spital um Aufnahme und um eine Milchsuppe bat. Er vermachte in Dankbarkeit dem Bürgerspital seine zum Elsaß hin gelegenen Ländereien, starb aber dort in der ersten Nacht.

Eine 3 km lange, eingezäunte Schnellstraße führt ab Basel direkt zum EuroAirport Basel–Mulhouse–Freiburg. Da für den Flughafen kein Gelände auf Schweizer Boden zur Verfügung stand, wurde vor fünfzig Jahren ein Abkommen mit Frankreich getroffen: Die Schweiz baute die nötigen Einrichtungen auf Land, das Frankreich zur Verfügung stellte; der Flughafen wird seitdem von beiden Staaten gemeinsam betrieben. Der **Flughafen Basel–Mulhouse–Freiburg** fertigt jährlich ca. 1,9 Millionen Passagiere und über 70 000 Tonnen Fracht ab. Um dem ständig wachsenden Verkehrsaufkommen gerecht zu werden, werden die Fracht- und Passagiergebäude kontinuierlich vergrößert. Die 1953 erstellten und 1979 erweiterten Pisten messen 3900 m (N–S) und 1600 m (O–W). Ab Basel bestehen über dreißig europäische und interkontinentale Direktverbindungen.

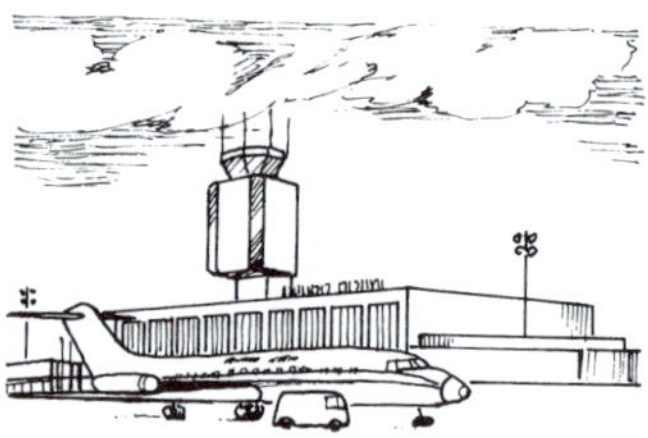

Etwas oberhalb des Paraplegikerzentrums liegt der Burgfelder Zoll (nur Einreise aus Frankreich möglich), von dem aus die Burgfelderstraße und die anschließende Missionsstraße direkt zum Spalentor (→ S. 65) und damit zur Stadt führen. Kurz vor dem Spalentor ist der Sitz der 1815 gegründeten *Evangelischen Missionsgesellschaft Basel* zu finden; die Basler Mission leistet weltweit Entwicklungsarbeit und besitzt eine eigene Sammlung (Öffnungszeiten → S. 17)

Schräg gegenüber ist in einer hübschen ehemaligen Professorenvilla das **Schweizerische Sportmuseum** eingerichtet, das sich der Geschichte von Sport und Spiel widmet (Öffnungszeiten → S. 18). Es besitzt über 40 000 Einheiten, kann aber aus Platzmangel lediglich ein Prozent der vorhandenen Schätze zeigen. Neben Wechselausstellungen beherbergt das Museum eine Dauerausstellung mit berühmten Zweirädern von 1820 bis zur Gegenwart, darunter das "Star-Bycicle" des weltberühmten Kunstradfahrers Nick Kaufmann, mit dem zum ersten Mal überhaupt Radball gespielt worden ist. Weitere Schwerpunkte bilden Präsentationen über Wintersport und Ballspiele sowie die schweizerischen National-Sportarten Schwingen (eine Art Ringen) und Hornussen (eine Art Schlagball). Ergänzt wird das Sortiment durch Geräte und Dokumente aus aller Welt. Eine Fachbibliothek und ein umfassendes historisches Bildarchiv können auf Voranmeldung besucht werden.

An der Mittleren Straße, einer Parallelstraße zur Missionsstraße, ist seit 1963 die **Skulpturhalle** mit der drittgrößten Sammlung von Abgüssen antiker griechischer und römischer Skulpturen ansässig (Öffnungszeiten → S. 18). Die Sammlung soll nicht nur einen möglichst vollständigen Überblick über die Entwicklung der antiken Skulpturen vermitteln, sondern auch schwer zugängliche Werke im Abguß bekannt machen und vor allem Skulpturenkomplexe, deren einzelne Bestandteile in verschiedenen Museen der Welt verstreut sind, an einem Ort vereinen. Ein Schwerpunkt ist die Ausstellung des "Parthenon-Projekts": die möglichst vollständige Dokumentation sowie der Versuch der Rekonstruktion des Skulpturenbestandes des Athener Parthenon-Tempels mit Hilfe von Abgüssen nach den in Athen, London und anderen Museen der Welt aufbewahrten Fragmenten. Die Ergebnisse sind ausführlich erläutert (Texte, Tonbildschau, Modell). Die Rekonstruktionsarbeiten werden in der mit der Skulpturhalle verbundenen Abgußwerkstatt durchgeführt.

Monumentale Bauten an der Klingelbergstraße, die von der Mittleren Straße zur Johanniterbrücke führt, sind an der Ecke Schanzenstraße die *Frauenklinik,* 1896 von Vischer und Fueter in französischem Neobarock erstellt, und Nr. 70 das *Biozentrum der Universität* (1971), wo in sechs Teilbereichen der Biologie nach neuen Erkenntnissen in grundlegenden Lebensprozessen geforscht wird. Einige Nobelpreisträger wirkten hier.

Im **Anatomischen Museum Basel,** Pestalozzistr. 20 (Öffnungszeiten → S. 16), werden vor allem Originalpräparate von menschlichen Körperbereichen, Organen und Geweben präsentiert, die systematisch und topographisch geordnet sind und den Aufbau des Körpers darstellen. Weiterhin wird die vorgeburtliche Entwicklung des Menschen gezeigt. Das Museum besitzt neben neuzeitlichen Exponaten eine Vielzahl historisch wertvoller Präparate. Von besonderer Bedeutung sind ein von Andreas Vesalius (→ S. 36) 1543 in Basel präpariertes Skelett, das älteste anatomische Präparat der Welt, sowie ein weiteres, das Felix Platter 1573 hergestellt hat. Aus der Zeit von C. G. Jung, der das Museum im Jahr 1824 gründete, stammen wertvolle Wachsmodelle. Die Ganzköperschnitte, angefertigt von H. K. Corning im Jahr 1900, bilden die anatomischen Grundlagen für moderne klinische Bildgebungsverfahren.

In den ruhigen Straßen der Umgebung findet man eine ganze Anzahl zum Teil gut erhaltener Bürgerhäuser aus dem 19. Jh. Die kath. **Antoniuskirche** an der Kannenfeldstraße, 1926–27 äußerlich nüchtern von Karl Moser errichtet, ist eine der frühesten Betonkirchen. In dem an eine Luftschiffhalle erinnernden Innenraum leuchten Glasfenster von Otto Staiger und Hans Stocker, von dem auch das Christusmosaik im Chor stammt (geöffnet täglich 7–19 Uhr). – Der nahe **Kannenfeldpark** war 1869–1951 Friedhof, was die Statuenpfeiler am Eingang an der Burgfelderstraße dokumentieren. Dargestellt sind von links nach rechts Moses, Daniel, Johannes und Paulus (Entwurf Ernst Stückelberg). An der Westecke des Parks findet man eine *Freilichtbühne,* am Wegekreuz in der Mitte einen Ring moderner Plastiken.

Das *Felix-Platter-Spital* mit über 600 Betten an der Burgfelderstraße wurde 1963 erbaut und nimmt vor allem Langzeit- und Geriatriepatienten auf. Die unmittelbar dahinter liegende ev. *Thomaskirche* (1958) an der Hegenheimerstraße trägt ein Zeltdach; der Glockenstuhl am Kirchhof erinnert an Stadttore. – Auf dem *Israelitischen Friedhof* an der Theodor-Herzl-Straße wurden die Gebeine der ersten Basler Juden des 12. und 13. Jhs. beigesetzt, die 1937 beim Neubau der Universität am Petersplatz zutage gekommen waren. Auch heute finden dort noch Juden ihre letzte Ruhestätte. – Nicht weit davon entfernt liegt südlich das *Gartenbad Bachgraben.*

Am Allschwilerplatz, westlich des als Teilstück der Stadtumfahrung fungierenden Spalenrings, wurde 1928 das *Ev. Gemeindehaus Oekolampad* mit Kirche und hohem Turm aus Klinker erbaut. Das *Gotthelfschulhaus* (1899–1902; Viktor Flück und Theodor Hünerwadel) war mit Baukosten von 30 Franken pro Kubikmeter seinerzeit der teuerste Schulbau in Basel. Die Allschwilerstraße und die sie fortsetzende Baslerstraße führen zum Dorf **Allschwil,** das an Frankreich grenzt und bereits – wie alle anderen Vororte der Stadt außer Riehen und Bettingen – zum Kanton Basel-Landschaft gehört. Die Straßenbahnlinie 6 fährt dorthin. Allschwil ist im Kern noch dörflich, es gehörte bis 1792 zum Fürstbistum Basel. In der Baslerstr. 48, in einem der gut erhaltenen Fachwerkhäuser, die ihren Giebel der Straße zukehren wie im Elsaß, ist das *Heimatmuseum* untergebracht. Rechts unterhalb der auf einem Hügel stehenden kath. alten *Dorfkirche* von 1698, auf deren Turm sich seit Jahren auch wieder regelmäßig Storchenpaare einfinden, wird auch heute noch die alte Dorfschmiede betrieben. In nächster Nähe der Kirche, am Mühlenbachweg, befindet sich eine alte *Wassermühle* mit oberschlächtig betriebenem Wasserrad; Mahlstube und Mühlrad dienen als Anschauungsobjekte. In Allschwil sind auch die *Schweizerische Schule für Blindenführhunde* und eine Storchensiedlung zu

Hause. Etwa 20 Störche werden von privater Seite gehegt und gepflegt; dieser Initiative, dem Zoologischen Garten Basel sowie dem Tiergarten Lange Erlen ist es zu verdanken, daß heute wieder etliche freilebende Storchenpaare in und um Basel brüten. – In Allschwil beim Allschwilerweiher ist auch ein großer *Schießplatz* zu finden, zu dem prächtige Fachwerkbauten gehören; derzeit wird die Verlegung der gesamten Schießanlage unter den Boden geplant. Von dort zieht sich der Herrenberg hinauf zu einem Hügel, an dessen Nordrand die Ziegeleien große Lehmgruben hinterlassen haben, die in den letzten Jahren aber überbaut wurden.

2. Der Süden

Südwestlich des Spalentores dehnt sich ein ruhiges Vorstadtquartier aus mit gefälligen Bürgerhäusern des 19. Jhs. in bescheidenen Maßen, ausgewogenen Formen und liebenswerten Details. Viele sind als Reihenhäuser aneinander gefügt. Die *Synagoge* in der Eulerstr. 6 erbaute Hermann Gauss 1867 in neobyzantinischem Stil. Bei der Erweiterung 1893 fügte Paul Reber die zweite Kuppel hinzu; Mitte der achtziger Jahre wurde die Synagoge vollständig renoviert. Paul Reber errichtete 1886–88 auch die kath. *St.-Marien-Kirche* an der Holbeinstraße; der Entwurf ist vom Speyerer Dom inspiriert.

Der **Schützenmatt-Park** jenseits des Spalenrings war einst Gelände für Schießübungen. Daran erinnert noch das **Feuerschützenhaus** (1561–64) an der Ostseite, heute ein renommiertes Restaurant mit Garten. In der Eingangshalle erheitert ein humorvolles Bild von Rudolf Weiss, "Landwehrmusterung auf der Schützenmatte", aus der Mitte des 19. Jhs. Der große Schützensaal im Obergeschoß besitzt eine Balkendecke, gemalte Scheinarchitektur (1562) und bunte Glasfenster (zumeist Ende 16. Jh.), darunter die Standesscheiben der 13 alten Orte der Eidgenossenschaft. Westlich des Schützenmatt-Parks, dessen freie Grünfläche eine Kastanienallee umzieht, findet man den *Sportplatz Schützenmatte,* auf dessen Kunststofflaufbahn große Leichtathletikwettkämpfe stattfinden.

Am Steinenring, südöstlich vom Schützenmattpark, steht die ev.-reform. **Pauluskirche,** die Karl Moser, der Architekt der Antoniuskirche (→ S. 91) 1898–1901 zusammen mit Robert Curjel gebaut hat. Die Einheit des neuromanischen Äußeren steht im Kontrast zum betonten Stilpluralismus im Innern, der die erstrebte Geschichtlichkeit ins Gegenteil zu kehren droht. Auf dem Eingangsgiebel kämpft Erzengel Michael mit dem Drachen (Oskar Kiefer, Karlsruhe). Im Innern schufen an der Lettnerparaphrase beidseits der Nischenkanzel Heinrich Altherr (1878–1947) eine Mosaikfolge und Max Läuger (Karlsruhe) Glasfenster.

Geht man von der Pauluskirche zum Bahnhof SBB, zweigt rechts die Margarethenbrücke ab, die über die Bahngeleise führt. Am Brückenkopf hat die Verwaltung der **Industriellen Werke (IWB)** ihren Sitz. Das städtische *Gaswerk* versorgt die Basler und einige Umlandgemeinden über ein rd. 789 km langes Rohrnetz mit Erdgas.

Das Basler Trinkwasser kommt aus Quellen, zum größeren Teil aber aus dem Grundwasserwerk *Lange Erlen* und dem Grundwasserwerk *Muttenzer Hard* (vgl. auch Kap. Ver- und Entsorgung S. 29).

Direkt unterhalb des Verwaltungsgebäudes der IWB liegt der **Zoologische Garten** (Öffnungszeiten → S. 19). Er ist von zwei Seiten her erreichbar: von der Heuwaage, dem Platz am Ende der Innenstadt, auf dem einst die in die Stadt einfahrenden Heuwagen gewogen wurden, und vom Dorenbachviadukt, der unterhalb der Kirche St. Margarethen liegt, die sich ihrerseits bereits auf Baselbieter (= Basel-Landschaft) Boden befindet. Die beiden Aus- und Eingänge bewirken, daß viele Leute den Zolli, wie die Basler ihren Tiergarten liebevoll nennen, als täglichen Fußweg benützen – vom Arbeitsplatz in der Stadt zum Wohnort im Gundeldinger- oder Bachlettenquartier oder gar im Baselbieter Vorort Binningen.

Jedes Jahr kommen rd. eine Million Besucher in den Zoologischen Garten, der zudem eines der wichtigsten Naherholungsgebiete Basels bildet. Die Lage am Hang des Birsigtales mit seinen Unebenheiten verleiht dem Garten einen natürlichen Reiz. 1874 wurde der Zolli mit 510 europäischen Tieren eröffnet, später ging man auch auf die Haltung exotischer Tiere über und heute überwiegen sie sogar – die Haltung einheimischer Tiere obliegt nun dem Tiergarten Lange Erlen (→ S. 116) in Kleinbasel. Die Tierhaltung war ursprünglich am Schaubedürfnis der Zuschauer orientiert, richtet sich heute aber nach den Erfordernissen der Tiere. Dem tragen auch die im Laufe der Jahrzehnte neu errichteten Tierhäuser und Freianlagen sowie die Erweiterungen des ursprünglich eher kleinen Gartens Rechnung.

Zunehmende Zuchterfolge stellen dem Zolli ein gutes Zeugnis aus: Geburten bei den Giraffen, Panzernashörnern, Halb- und Menschenaffen (unter anderen Gorillas, Schimpansen, Wollaffen, Javaneraffen), Seelöwen, Tigern, Leoparden, Schneeleoparden, Somali-Wildeseln, Braunbären, Känguruhs, Pinguinen, Uhus, Straußen, Flamingos und manchen anderen Tieren gehören zur Tagesordnung. Nachwuchs gibt es aber auch immer wieder bei den Okapis, Kleinen Kudus, Nilpferden und Antilopen, um auch hier nur einige zu nennen. Im Basler Zolli leben über 5000 Tiere in rd. 530 Arten, wobei die Kapazität erreicht ist und der Tierbestand eher abgebaut wird.

Gleich beim Eingang ist das 1972 eröffnete *Vivarium* zu finden, mit rund 3000 einheimischen und exotischen Fischen in etwa 250 Arten, einer einmaligen Pinguinkolonie, fast 250 Reptilien in etwa 35 Arten, knapp 40 Amphibien in 5 Arten und fast 1000 wirbellosen Tieren in über 80 Arten. Beginnend mit europäischen Flüssen und Seen, über Mittelmeerküsten, Korallenriffe, hin zum Amazonas und zu asiatischen Tropengewässern

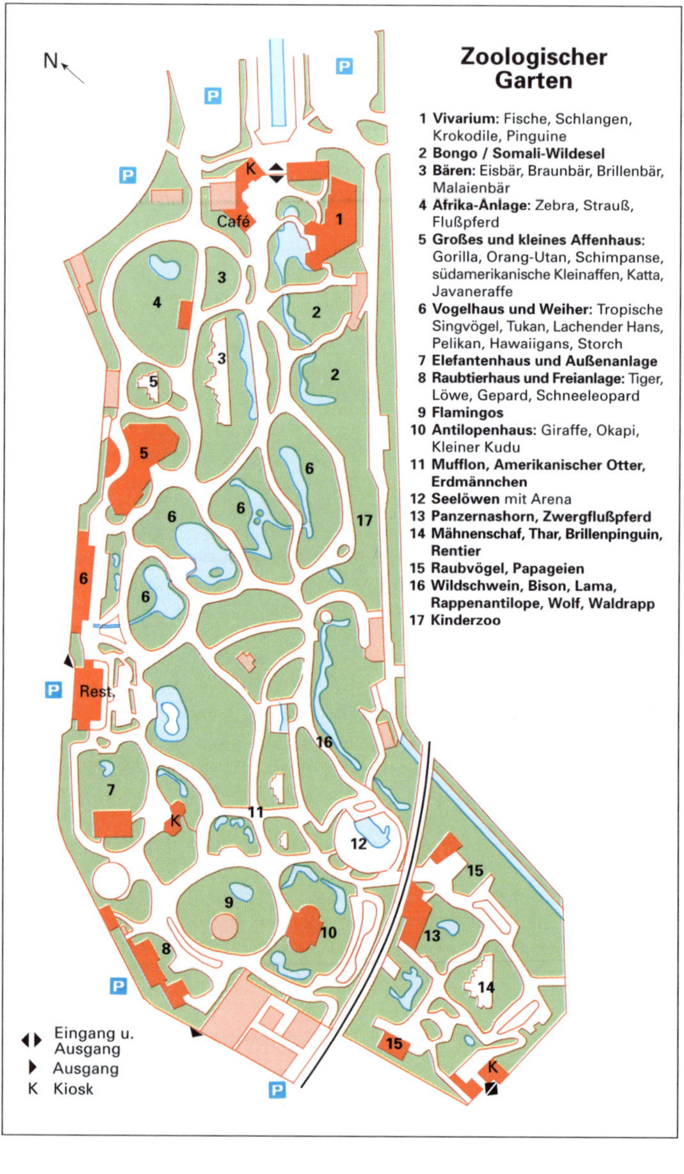
N
Zoologischer Garten
1 Vivarium: Fische, Schlangen, Krokodile, Pinguine
2 Bongo / Somali-Wildesel
3 Bären: Eisbär, Braunbär, Brillenbär, Malaienbär
4 Afrika-Anlage: Zebra, Strauß, Flußpferd
5 Großes und kleines Affenhaus: Gorilla, Orang-Utan, Schimpanse, südamerikanische Kleinaffen, Katta, Javaneraffe
6 Vogelhaus und Weiher: Tropische Singvögel, Tukan, Lachender Hans, Pelikan, Hawaiigans, Storch
7 Elefantenhaus und Außenanlage
8 Raubtierhaus und Freianlage: Tiger, Löwe, Gepard, Schneeleopard
9 Flamingos
10 Antilopenhaus: Giraffe, Okapi, Kleiner Kudu
11 Mufflon, Amerikanischer Otter, Erdmännchen
12 Seelöwen mit Arena
13 Panzernashorn, Zwergflußpferd
14 Mähnenschaf, Thar, Brillenpinguin, Rentier
15 Raubvögel, Papageien
16 Wildschwein, Bison, Lama, Rappenantilope, Wolf, Waldrapp
17 Kinderzoo
Café
Rest.
P
Eingang u. Ausgang
Ausgang
K Kiosk

taucht der Besucher in einem gewundenen Pfad in die vielfältigen Bereiche der Unterwasserwelt ein, um im zweiten Teil des Hauses langsam wieder an Land zu steigen und Reptilien und Amphibien aus Wüsten und Tropenwäldern zu erleben. Am Ausgang tauchen freilebende Kormorane nach Fischen und trocknen ihr Gefieder in der Sonne. Ihnen gegenüber liegen das Bärenhaus und die Freigehege der Brillenbären, der Braunbären, die einst auch um Basel heimisch waren, der Eisbären und der Kragenbären. Somali-Wildesel, Bongos, Pelikane, viele Arten von Enten, Schwäne, Störche, Reiher und andere Tiere begegnen dem Besucher auf dem Weg zum *Vogelhaus* (in dem zum Beispiel auch die nur wenige Gramm wiegenden Kolibris leben, die dank ihren etwa 80 Flügelschlägen pro Sekunde auf der Stelle schweben können) und dem dahinterliegenden *Elefantenhaus*. Die vielfältig gestaltete Außenanlage ermöglicht den Besuchern, die breite Palette des Elefantenverhaltens zu beobachten. Die Tiere werden in die Arbeitsabläufe auf der Anlage einbezogen und zeigen gelegentlich Arbeitsdressuren, die den engen Kontakt mit den Pflegern dokumentieren. Im unmittelbar dahinter liegenden *Raubtierhaus* aus dem Jahr 1956 kamen bisher weit über 300 Tiere zur Welt: Löwen, Tiger, Panther, Geparden und Schneeleoparden sind in ihm heimisch. Auch im *Antilopenhaus* sind fast immer Jungtiere zu sehen – bei den Giraffen, Okapis oder Antilopen.

Im *Sautergarten* jenseits der Elsässerbahn, begegnet der Besucher den Panzernashörnern. Im gleichen Haus leben auch die Zwergflußpferde. Weiter bevölkern Papageien, Brillenpinguine, Raubvögel, Mähnenschafe, Rentiere und Tahrs (ind. Halbziegen) den hinteren Teil des Zolli. Der Weg zurück führt dann zu den Seelöwen, die täglich um 16.30 Uhr gefüttert werden, wobei die Fütterung meist auch gleich mit einer Dressurvorführung verbunden ist. Wildschweine, Bisons, Rappenantilopen, Wölfe und Waldrappen (Vögel, die noch im 17. Jahrhundert in der Schweiz heimisch waren) kann man auf dem Weg zum *Kinderzolli* beobachten, der sich ganz besonderer Beliebtheit erfreut: Viele Dutzend Kinder können hier in ihrer Freizeit arbeiten und kommen so zum ersten Mal in direkten Kontakt mit Zwergziegen, Zwergzebus, Ponys, Schafen, Lamas und Kamelen. Die Kinder pflegen die Tiere aber nicht nur, sondern studieren auch Kunststücke mit ihnen ein, die sie bei verschiedenen Anlässen vorführen und viel Applaus damit ernten.

Binningen · Bottmingen

Binningen. – Südlich des Zoologischen Gartens liegt das zum Kanton Basel-Landschaft gehörige Binningen (Tram Nr. 2). Dicht hinter der Stadtgrenze sieht man das Kirchlein **St. Margarethen** inmitten einer Gebäudegruppe auf einem Hügel östlich des Birsig. Die Kirche, 1251 erstmals genannt und 1673 erweitert, war seit dem 18. Jh. Pfarrkirche für Binningen. Tafeln erinnern an den einstigen Binninger Pfarrer und Heimatdichter Jonas Breitenstein (1828–77) und den Komponisten Hermann Suter (1870–1926, Chor- und Orchesterwerke, Kammermusik), der die letzten zehn Jahre seines Lebens hier verbracht hat. Das östlich angrenzende *Margarethengut* ist seit 1896 ein städtischer Park mit einem klassizistischen Herrenhaus, südlich davon liegt das *St.-Margarethen-Sonnenbad* und das **Astronomische Institut** der Universität Basel, das seit über 200 Jahren besteht und zuerst vom Bernoullianum in Basel (→ S. 58) aus den Himmel beobachtete. Vor etwa 55 Jahren zog es hierher. Die Himmelsbeobachtungen heute, die allerdings von einer Sternwarte in Metzerlen/Kanton Solothurn und großen Observatorien wie dem auf dem Mount Palomar/USA gemacht werden, widmen sich vor allem der Erforschung der Milchstraße. Die kleine Beobachtungswarte hier dient den Studenten für Übungen und dem Astronomischen Verein Basel für seine öffentlichen Beobachtungsabende. Die hier gleichfalls ansässige Abteilung für Luftmeteorologie führt Luftuntersuchungen durch und untersteht dem Sanitätsdepartement des Kantons Basel-Stadt. – Die kath. *Heilig-Kreuz-Kirche* (1895), etwas südlich an der Margarethenstraße, ist weithin sichtbar; 1956 wurde sie innen "modernisiert".

Das schöne **Schloß Binningen** an der Schloßgasse im Talgrund des Birsig war bis Ende des 18. Jhs. ein Wasserschloß. 1299 erstmalig erwähnt, fiel es 1534 aus dem Besitz des Bischofs an die Stadt und 1550 an den Wiedertäufer David Joris oder einen seiner Söhne. Im 18. Jh. wurde es teilweise verändert; heute empfängt hinter den Mauern aus Bruchstein ein vornehmes Restaurant seine Gäste. Im Inneren umzieht eine Holzgalerie die Eingangshalle, in der eine Reihe von Steininschriften die Jahreszahlen von Umbau und Erneuerung nennt. Über eine steinerne Wendeltreppe gelangt man auf die Galerie, an deren Beginn links sich eine holzgetäfelte Stube mit bemalter Kassettendecke befindet. – An der Bündtenmattstr. 1 steht noch das *Holeeschloß* mit Staffelgiebel und Treppenturm (16. Jh.), das heute ein gepflegtes Restaurant beherbergt, und unweit am Neubadrain hinter Eichen der *Gasthof Neubad* (18. Jh.).

An der Oberwilerstr. 20 hat **Monteverdi** seinen Sitz, der einzige Personenwagenhersteller der Schweiz. Seit 1967 verlassen luxuriöse und sportliche Coupés, Cabriolets, Geländewagen und Limousinen seine Werkstatt. Alle Autos sind mit einem sehr starken amerikanischen Chrysler-Achtzylindermotor ausgerüstet. Die Karosserien werden in Turin gefertigt und montiert. – Der Werkstatt ist ein *Museum* mit 120 Ausstellungsobjekten angegliedert, ebenso Europas größte Modellauto-Ausstellung mit 9000 Exponaten (auf Anfrage geöffnet).

Bottmingen. – Ein weiteres **Wasserschloß** (14. Jh.) findet man im südlich angrenzenden Bottmingen, das mit der Straßenbahn Nr. 17 direkt aus der Stadt erreicht werden kann. An der Schloßgasse liegt es in einem Park mit einer gewaltigen Platane am Eingang. Es ist das einzige Weiherschloß in der Nordwestschweiz. Gänse und Enten bevölkern den breiten Wassergraben, den man auf hölzernen

Brücken von zwei Seiten überschreiten kann. Den geschwungenen Portalgiebel schmückt eine Uhr. Das Schloßtor wird noch heute durch ein Fallgatter aus schweren Balken verstärkt. Die schöne Anlage kam 1514 in den Besitz der Stadt Basel, wurde von ihr aber wieder veräußert und 1720 zu einem barocken Landsitz ausgebaut. Der nördliche der ursprünglich vier Türme wurde 1780 bis auf die heute noch erkennbaren Grundmauern niedergerissen, um den Innenhof mit einer Terrasse zum Schloßgraben zu öffnen. Das Schloß, das 1939 unter Denkmalschutz gestellt, 1942–46 restauriert und von störenden Anbauten des 19. Jhs. befreit wurde, gehört seit 1957 dem Kanton Basel-Landschaft und nimmt ein Restaurant auf. Den Steinsaal im Erdgeschoß schmücken barocke Stukkaturen. Im Treppenhaus hängen Medaillons mit Phantasielandschaften; das Deckenbild "Geburt der Athena im Beisein der Olympischen Götter" malte der Basler Isaak Merian. Die 11 Porträts (ursprünglich 20) im Festsaal des Dachgeschosses stellen protestantische Fürsten und Feldherren des Dreißigjährigen Krieges dar.

Auf einer bewaldeten Höhe östlich von Bottmingen, an der Batteriestraße, hat der Kanton Basel-Landschaft 1973 das **Bruderholzspital** mit 550 Betten eröffnet, das als sehr moderne Klinik über Abteilungen für fast alle Krankheiten verfügt.

Doch zurück zur Stadt. Von der Heuwaage, einer Station der Straßenbahn Nr. 17, führt der Steinentorberg vorbei an der an ihrer Kuppel erkennbaren Großmarkthalle zur *Elisabethenanlage* und dem Bahnhof SBB. Das **Straßburger Denkmal** dort, 1895 von August Bartholdi geschaffen, stiftete der französische Baron Hervé de Gruyer als Dank für die Schweizer Hilfe für die Bewohner des im Krieg 1870–71 schwer beschossenen Straßburg. Die Figurengruppe stellt einen Frauen und Kinder beschützenden Engel dar, die Relieftafeln am Sockel zeigen die Hilfe in der zerstörten Stadt und die Fahrt mit dem Hirsebreitopf 1476, die eine jahrhundertealte Freundschaft zwischen Straßburg und der Schweiz bekundet.

Damals hatten die Straßburger eine Abordnung aus Zürich zum Schützenfest eingeladen. Die Eidgenossen starteten zu einer Rekordfahrt nach Straßburg, um zu zeigen, wie schnell ihre Hilfe im Notfall sei. Zu Schiff fuhren sie auf den damals noch wilden Flüssen Limmat, Aare und Rhein in 17 Stunden nach Straßburg. Einen großen Topf mit Hirsebrei, in heißem Sand verstaut, führten sie mit; bei der Ankunft war der Brei noch warm. Während ihrer Fahrt durch Basel reichte man der Abordnung von der Mittleren Brücke Wein und Essen.

Der *Centralbahnplatz* ist von großen Hotels umgeben. Der nahe Hochhaus-Rundturm (Architekt Burckhardt & Partner AG; 1977) nimmt die **Bank für Internationalen Zahlungsausgleich (BIZ)** auf. Diese wurde 1930 auf der Haager Konferenz gegründet durch Vertreter der Zentralbanken von Deutschland, Belgien, Frankreich, Großbritannien, Italien, Japan, der Schweiz sowie einer Bankengruppe der USA. Nach dem Zweiten Weltkrieg kamen noch Kanada, Australien und Südafrika hinzu. Das Aktienkapital (vinkulierte Namensaktien, die nur mit Willen der BIZ übertragen werden können) liegt in Händen Privater und vor allem der einzelnen Zentralbanken. Als "Bank der Zentralbanken" fördert sie deren Zusammenarbeit und die internationalen Finanzgeschäfte. Durch die hier regelmäßig stattfindenden Treffen der Notenbankpräsidenten und der Zentralbankexperten versucht man, das Geschehen auf den Gold- und Devisenmärkten zu lenken. Die BIZ tritt auch als Treuhänder für internationale Staatsanleihen auf. Ihre Tätigkeit, so unauffällig sie sich auch vollzieht, hat großen Einfluß auf die wirtschaftlichen Geschicke der Freien Welt.

Der **Bundesbahnhof der SBB** (1905–09, Emil Faesch und Emanuel La Roche) zeigt eine imposante neobarocke Fassade mit erhöhter Mittelhalle, die von Kuppeltürmchen eingerahmt ist. Unter den Figuren metallene Basilisken (→ S. 24) und winkende Frauengestalten an den Seiten der Uhren. Das große Wandbild des Vierwaldstättersees in der Eingangshalle stammt von E. Hodel. Der Basler Bundesbahnhof ist, was Personen- und Güterverkehr anbelangt, hinter Zürich der zweitgrößte der Schweiz. Die Züge nach Deutschland fahren von hier zum *Badischen Bahnhof*, jene nach Frankreich und den Benelux-Ländern direkt vom westlich anschließenden Französischen Bahnhof (SNCF; Zollabfertigung). Der heutige Bahnhof hatte in dem 1860 von Ludwig Maring gebauten Neorenaissancebau einen Vorgänger. Von hier fuhren die Züge nach Liestal auf einer 1854 fertiggestellten Strecke, einer der ersten in der Schweiz.

Das **Gundeldingerquartier** südlich vom Bundesbahnhof wurde im späten 19. Jh. in einheitlichem Stil an langen, schmalen Straßen errichtet; mittlerweile entstanden jedoch viele Neubauten. Sehenswert in diesem Quartier sind die neugotische *Heiliggeistkirche* (1911; Gustav Doppler und Max Merkel) an der Thiersteinerallee/Ecke Güterstraße, das 1931 von Willi Kehlstadt errichtete *Zwinglihaus,* das reformierte Kirchgemeindehaus, an der gleichen Straße Ecke Gundeldingerstraße im nüchternen Bauhausstil und das *Gundeldingerschulhaus* in der Sempacherstr. 60; gleich rechts daneben eine Fabrik mit Verzierungen im Jugendstil. Hübsch am Hang gelegen ist der *Margarethenpark* an der Südwestecke des Viertels, in dem am Ostrand die eine der beiden Basler Kunsteisbahnen zu finden ist. Von dem hier einst gelegenen Gut steht noch das klassizistische *Herrenhaus* (1865–76), dem 1887 ein Mansarddach aufgesetzt wurde. An der Gundeldingerstr. 280 liegt etwas versteckt das *Thomas-Platter-Haus*. Der schöne Fachwerkbau, einst eines der drei Gundeldinger Wasserschlösser, wurde 1972–74 vortrefflich restauriert. Im 16. Jh. war es Wohnhaus des Buchdruckers Thomas Platter, der erster Rektor des Gymnasiums wurde.

Das **Bruderholz,** ein bevorzugtes Wohngebiet, zumeist in Einzelhäusern ab der Jahrhundertwende angelegt, zieht sich südlich vom Gundeldingerquartier den Berg hinauf. Vom Bruderholzrain genießt man eine schöne Aussicht auf die Stadt. Auch in diesem Viertel gibt es zwei beachtliche moderne Kirchen. Die kath. **Bruder-Klaus-Kirche,** (1957–61 nach Plänen von Karl Higi) an der Bruderholzallee 140 ist ein Rundbau mit schrägem Dach, der weitgehend auf Geraden verzichtet. Die Kirche soll ein "geistliches Gefäß" symbolisieren. Das Portal mit Motiven der Dreifaltigkeit, des Kreuzes und der Madonna schuf Albert Schilling (Arlesheim), die Glasfenster Ferdinand Gehr (Altstetten); sie stellen drei göttliche Personen und ihre Werke in der Welt dar. In der Straße Im tiefen Boden, etwas südlicher, steht die 1963 von Benedikt Huber gebaute reformierte *Tituskirche,* die von außen etwas an eine Burganlage erinnert. In der Nähe, auf dem höchsten Punkt des Bruderholzes, hat man 1925 einen 30 m hohen **Wasserturm** errichtet (öffentlich zugänglich, herrliche Aussicht), etwas westlich liegt die 1815 als Feldbastion gegen Napoleon angelegte *Batterieschanze,* auf der jetzt Bäume wachsen. An ihrer Westseite erinnert ein nach dem Ersten Weltkrieg errichtetes Denkmal an verstorbene Basler Wehrmänner. Die vom Wasserturm östlich zum Dreispitz weiterführende Reservoirstraße ist eine baumbestandene Allee, auf der man mehrere Behälter für die Basler Wasserversorgung passiert.

Die *Reinacherstraße* führt zwischen dem Hang des Bruderholzes und dem Gewerbegebiet Dreispitz nach Süden. An ihr liegt rechts, bereits in der Baselbieter (= Basel-Landschaft) Gemeinde Münchenstein, die *Motorfahrzeug-Prüfstation.* Diese dem deutschen TÜV ähnliche Institution prüft die Kraftfahrzeuge von Basel-Stadt und Basel-Landschaft. Alle 3 Jahre müssen die Wagen vorgeführt werden, jene, die älter als 10 Jahre sind, alle Jahre.

Münchenstein · Arlesheim · Dornach

Das Gewerbegebiet östlich der Reinacherstraße, ein Quartier von Lagerhäusern und Industriebauten mit Bahngeleisen dazwischen, heißt *Dreispitz.* Südlich schließt der zu Basel-Landschaft gehörende Vorort **Münchenstein** an. "Neue Welt" nennt man eine Wohnsiedlung, die sich östlich von Münchenstein zwischen der Bahnlinie (nach Delémont) und der Birs erstreckt. Dort passiert man an der Baselstr. 33a eine von Melchior Berri 1829 errichtete klassizistische Villa. In der "Neuen Welt" trifft man zwischen den Backsteinwohnblocks direkt am *St.-Alban-Teich* (→ S. 81) auf eine 1666 erbaute einstige *Hammerschmiede,* die 1966 von der Christoph-Merian-Stiftung gekauft und später restauriert wurde. In dem ansehnlichen Bau mit dem seitlichen Treppenturm arbeitet jetzt eine Roßhaarspinnerei als Zulieferer für Matratzen. In unmittelbarer Nähe ist die *Fabrik André Klein* zu finden, die unter anderem die weltberühmten "Basler Läckerli" herstellt. Der St.-Alban-Teich wird etwas südöstlich davon an einem Wehr ("Wuhr") von der hier gestauten Birs durch ein hölzernes altes *Wasserhaus* abgeleitet. Im Flußwald zwischen Birs und St.-Alban-Teich leben allerlei Vögel; bisweilen sieht man den seltenen Eisvogel in seinem türkis- und orangefarbigen Gefieder auf einem Zweig über dem Wasser auf kleine Fische warten. Etwas flußabwärts wurde 1947 eine gedeckte *Holzbrücke* in alten Formen über die Birs gezogen (kein Fahrzeugverkehr). Ihre Vorgängerin bauten schweizerische Pioniere 1914–15. Ein hübscher Fußweg führt von hier am linken Ufer in 20 Minuten nach St. Jakob und in 30 Minuten nach Basel.

Die verkehrsreiche Baselstraße westlich der "Neuen Welt" überquert die Birs weiter südlich und führt ins Dorf *Münchenstein,* das von Basel aus direkt mit der Straßenbahn Nr. 10 zu erreichen ist. Im Kern von Münchenstein steht noch eine ganze Reihe gotischer und barocker Häuser, darunter die alte *Trotte* (1560). Die *Burgruine* gehört zu einer um 1270 errichteten Burg der Münch zu

Münchenstein; sie war bis 1798 Sitz eines Basler Obervogtes und wurde dann auf Abbruch verkauft. Die alte *Dorfkirche* mit dem kräftigen Turm wurde 1613 noch in gotischen Formen gebaut. Im Talgrund an der Schlößligasse 4 findet man das *Schlößchen Gstaad.*

Arlesheim. – Ein stattliches Dorf ist das südlich angrenzende Arlesheim (auch dorthin fährt die Straßenbahn Nr. 10), das 1678–1792 Sitz des Basler Domkapitels war (zuvor hatte es seit der Reformation in Freiburg/Brsg. Zuflucht gefunden). Der Basler Fürstbischof selbst hatte sich aber in der Jurastadt Pruntrut niedergelassen. Der rechteckige große Domplatz mit Brunnen (1766), den die vornehm-schlichten Domherrenhäuser einrahmen, wird durch die zweitürmige Barockfassade des **Doms** beherrscht. Vom Eichstätter Architekten Jacob Engel 1680–81 errichtet, wurde er auf Berufung des damaligen Fürstbischofs Joseph Wilhelm Rink von Baldenstein 1758 von Giovanni Gaspare Bagnato umgestaltet. Im lichtdurchfluteten Innenraum schufen der Tiepoloschüler Joseph Anton Appiani die Fresken (von denen die an der Decke und das Altarbild die Jungfrau Maria verherrlichen) und Feichtmayr von Augsburg den reichen Stuck. Beachtenswert sind auch das geschnitzte Chorgestühl (Peter Schacherer) und die Silbermann-Orgel, eines der wenigen spielbar erhaltenen Instrumente in der Schweiz. Die halbrunde Krypta (moderne Ausstattung vom einheimischen Bildhauer Albert Schilling) war die letzte Ruhestätte der Domherren.

Nördlich der Kirche steht ein Barockhaus, heute die *Statthalterei,* mit einem Bild des heiligen Michael über dem Eingang, und nordöstlich am Ortsrand der *Andlauerhof,* einst Wohnsitz für den letzten bischöflichen Landvogt; dazu gehört auch die große Scheune mit dem gewölbten Dach. Von hier gelangt man über die Eremitagestraße und einen nach links abzweigenden Weg unter einer Brücke hindurch, dann wieder rechts steil den Wald hinauf, dann wieder links zum **Schloß Reichenstein,** das im 13. Jh. auf einem vorspringenden Felsen erbaut worden war, im 17. Jh. verfiel und 1932–33 neu aufgebaut wurde. Vom gleichen Weg kann man unterhalb auf der ersten freien Anhöhe nach rechts zum nahen *Schloß Birseck* abzweigen. Zeitweilig vom Bischof oder einem seiner Vögte bewohnt, wurde es 1793 von Bauern geplündert und in Brand gesteckt. Der Sohn des letzten Landvogtes erwarb die Ruine nach seiner Rückkehr nach Arlesheim, ließ sie aufbauen und setzte auch die Eremitage mit Grotten und englischem Landschaftsgarten wieder instand.

Von der Eremitagestraße führt eine Fahrstraße nach rechts ab zur **Burgruine Dorneck** (Aussicht nach Westen über das Birstal; 200 m entfernt das Restaurant Schloßhof). Die rechteckige Anlage mit vier Ecktürmen war eine der wichtigsten Burgen im unteren Birstal und entstand vor 1356. Im Krieg des Reiches gegen die Eidgenossen 1499 belagerten die 10 000 Mann starken Truppen Kaiser Maximilians die Burg vergeblich und wurden dann von einem eidgenössischen Entsatzheer am Fuß des Berges geschlagen. Dies brachte den Schweizern den endgültigen Sieg im Schwabenkrieg, und im Frieden von Basel verlor dann das Reich die Oberhoheit über sie. Anfang des 16. Jhs. wurde Dorneck zu einer starken Grenzfestung ausgebaut, diese wurde 1798 den plündernden französischen Revolutionstruppen übergeben, die sie in Brand setzten, in der Folge zerfiel sie. 1903–05 und 1959 wurde sie durch den Kanton Solothurn restauriert.

Dornach, westlich unterhalb der Burg und südlich von Arlesheim, liegt im Kanton Solothurn, ist aber mit der gleichen Straßenbahn wie Münchenstein und Arlesheim erreichbar. In der ehem. Pfarrkirche *St. Mauritius* (15 Jh.; im Chor Wandmalereien aus dem 16. Jh.), ist ein *Heimatmuseum* eingerichtet. (So 10–12, 15–17 Uhr, sonst Auskunft beim Küster oder in der nahen Gemeindekanzlei). Hübsch ist auch der Kern von *Dornachbrugg* am Ostufer der Birs mit alter Steinbrücke und hölzernem Wasserhaus am Flußwehr.

Bekannt ist Dornach aber vor allem als Zentrum der Anthroposophischen Bewegung. Die *Anthroposophie* ist eine von Rudolf Steiner (* 1861 in Kraljevic/Ungarn, heute Jugoslawien, † 1925 in Dornach) begründete Lehre, nach der die im Menschen schlummernden Seelenkräfte erweckt werden sollen und diese dann zu einer höheren Erkenntnis des Lebens führen. Steiner beschreibt diesen Weg in seinem Buch "Wie erlangt man Erkenntnisse der höheren Welten". In vielem geht Steiners Lehre auf Goethe zurück. Im praktischen Leben tritt die Anthroposophie in Erscheinung in den Waldorfschulen, in der Medizin, in der biologisch-dynamischen landwirtschaftlichen Anbauweise, bei der neben anderen Besonderheiten weder künstlicher Dünger noch chemische Schädlingsbekämpfungsmittel verwandt werden. Der Anthroposophie ist auch die Christengemeinschaft verbunden.

Die "Allgemeine Anthroposophische Gesellschaft" und die "Freie Hochschule für Geisteswissenschaft" haben ihren Sitz im ***Goetheanum,** das Hermann Ranzenberger 1928–29 nach Plänen Rudolf Steiners erbaute. Der imposante Bau aus Sichtbeton mit weit gespanntem Dach und außen umlaufender Galerie vermeidet weitgehend rechte Winkel, weil diese in der Natur auch selten sind. Seine Formen sind u. a. auch vom Jugendstil beeinflußt. Im großen Theatersaal im Inneren schaffen farbige Glasfenster eine mystische

Beleuchtung, die den hier abgehaltenen Mysterien-Dramen und Eurythmie-Aufführungen entspricht. Im Goetheanum arbeiten außerdem eine Pflanzenfarben-Werkstatt, Observatorien, eine Bibliothek und ein Archiv sowie Laboratorien für Pflanzenforschung, Blutuntersuchungen und physikalische Lehrversuche. Jahresfeste sind Ostern, Michaeli am 29. Sept., Weihnachten (Führungen → S. 19). Das erste, 1914 aus Holz errichtete Goetheanum besaß, dem Material entsprechend, rundere Formen und zwei Kuppeln, die innen bemalt waren; 1922 ging es durch Brandstiftung in Flammen auf. Der Baustil des heutigen Goetheanums kehrt auch an den meisten Wohnhäusern der Umgegend wieder, jedoch auch bei einem elektrischen Umspannwerk und einem Kesselhaus.

3. Der Osten

Östlich vom Gundeldingerquartier liegt, eingezwängt zwischen Güterbahnhof und Münchensteinerstraße, der 1872 als kurfürstlicher Park von Amadeus Merian konzipierte **Wolf-Gottesacker,** auf dem sich die Gräber bekannter Basler Familien wie Merian und Burckhardt befinden. Vom 1951 aufgehobenen Kannenfeldfriedhof wurden die Gräber von *Christian Friedrich Schönbein* (1799–1868) und *Johann Jakob Bachofen* (1815–87) hierher verlegt. Weiterhin ruhen hier: der Maler und Bildhauer *Carl Burckhardt* (1878–1923), der Literaturhistoriker *Wilhelm Wackernagel* (1806–69) und der Kunsthistoriker *Heinrich Wölfflin* (1864–1945).

Die unterhalb liegende **Kapelle St. Jakob** und das *Siechenhaus* an der Kreuzung St.-Jakobs-Straße/Brüglingerstraße lagen einst aus gutem Grund weit vor der Stadt. Ein erstes Siechenhaus, vor allem für Leprakranke, wurde im 13. Jh. erstellt und von den Franzosen 1444 in der Schlacht bei St. Jakob in Brand gesteckt, später aber wiederhergestellt. Eine in die Mauer eingelassene Tafel erinnert an die 1300 gefallenen Eidgenossen. Die jetzige Kapelle wurde 1894 neu gebaut, wobei man Teile der alten einfügte.

"Unter dem Grafen Armagnac hatte der französische Dauphin 30 000 Mann Freischarenvolk gesammelt; mit denen zog er bis vor Basel. Sein Lager hielt er bei Münchenstein. Die Eidgenossen standen bei der Bergfeste Farnsburg, 5 Stunden von Basel entfernt und zogen zu 1400 Mann gegen die Franzosen. Vor dem Dorfe Pratteln stießen sie auf tausende Armagnaken, trieben sie in die Schanzen bei Muttenz und aus den Schanzen in den Strom der nahen Birs. Dreitausend Basler zogen aus ihren Mauern den Schweizern entgegen, um sie in der Stadt aufzunehmen; sie mußten sich jedoch zurückziehen. Die Eidgenossen durchwateten die Birs und erreichten auf ihrem Vorstoß in die schützenden Basler Mauern das Siechenhaus St. Jakob. Hier tobte die Schlacht am heftigsten, Siechenhaus und Kapelle brannten und 1300 Eidgenossen, das waren fast alle Krieger, fielen hier. Der Feinde lagen tausende mit ihren Rossen von Pratteln bis St. Jakob. Die Franzosen wagten danach nicht, weiter vorzurücken, weil sie gehört hatten, ein neues Schweizer Heer marschiere von Zürich gegen sie. Da rief Kronprinz Louis: "Auf Ehre, ein härteres Volk ist nie gefunden! Ich will sie nicht weiter versuchen"! Und er schloß voll Ehrfurcht vor so vieler Tapferkeit mit ihnen zu Ensisheim Frieden" (Nach einer Schilderung von Zschokke in Baedekers Schweiz, 4. Auflage 1852).

Das 1999–2001 durch die Architekten Herzog und De Meuron neu gebaute **Stadion** gegenüber an der St.-Jakobs-Straße ist Schauplatz großer Fußballspiele und Konzerte. 1975 wurde von Architekt Giovanni Panozzo die riesige **St.-Jakobshalle** gebaut, die zwar auf Baselbieter Boden liegt, deren Parzelle aber der Stadt Basel gehört, in der mit Ausnahme von Eishockey und Radsport nahezu alle Sportarten auch wettkampfmäßig ausgeübt werden. Daneben liegt das für 10 000 Besucher konzipierte *Sport- und Gartenbad St. Jakob* und südlich schließen, auf dem Schlachtfeld von 1444, verschiedene Sportplätze sowie die Reitsportanlagen *Schänzli* an.

Südwestlich von St. Jakob steht auf den Feldern des einstigen Bauerngutes "Vorderer Brüglinger Hof" (von dem noch die stattlichen Wirtschaftsgebäude erhalten sind) das Gelände der ehemaligen Gartenbauausstellung "Grün 80" der Bevölkerung Basels als Naherholungsgebiet zur Verfügung. In einem der Wirtschaftsgebäude befindet sich die *Kutschen- und Schlittensammlung* des Historischen Museums (Öffnungszeiten → S. 17); hier auch der *Botanische Garten* mit der reichhaltigsten Bart-Iris-Sammlung Europas, einem Geschenk der Gräfin Zeppelin. Die benachbarte klassizistische Villa diente dem Basler Patrizier Christoph Merian als Sommersitz, nachdem J. J. Stehlin d. J. sie 1858 aus einem barocken Landschlößchen umgebaut hatte. Heute ist dort ein Café eingerichtet. Die Gußeisenteile des Vorbaues wurden in Besançon gefertigt. Schön ist der dazu gehörende Park mit Tulpen- und Ginkgobaum.

Muttenz · Pratteln

Freidorf und Muttenz. – Jenseits der Birs, die zum Teil auch die Stadtgrenze bildet, schließen hinter dem Stadion St. Jakob das um 1920 nach Plänen von Hannes Meyer gebaute Freidorf und weiter südöstlich Muttenz an (Straßenbahn Nr. 14). An der Gründenstr. 40 in Muttenz wurde 1972 die **Kantonale Ingenieurschule** (HTL) von Basel-Stadt und Basel-Landschaft fertiggestellt. Rund 480 Studenten, von denen die Mehrzahl aus der Stadt und dem Umland stammt, studieren in den sechs Abteilungen Architektur, Bauingenieurwesen, Chemie, Elektrotechnik, Maschinenbau und Vermessungswesen.

Im alten *Dorf Muttenz,* das recht reizvoll ist, führt eine breite Hauptstraße zur befestigten **St.-Arbogast-Kirche,** die 1972–74 vortrefflich restauriert wurde. Die Holzleistendecke aus dem Jahr 1504 des Basler Tischmachers Ulrich Bruder und die Wandmalereien sind gut erhalten. Den Kirchhof umzieht eine 7 m hohe zinnenbewehrte Schutzmauer mit zwei Tortürmen auf

der Nord- und Südseite. Die St.-Arbogast-Kirche ist die einzige unversehrte Wehrkirche in der Schweiz. Im Kirchhof rechts vom Südeingang eine Sammlung von Grenz- und Gütersteinen aus verschiedenen Jahrhunderten. Im Beinhaus innerhalb der Ringmauer sind Wandmalereien von hoher Qualität zu sehen, darunter die Darstellung der Legende von den dankbaren Toten.

Im Obergeschoß des Feuerwehrmagazins an der Schulstraße in Muttenz wurden das *Ortsmuseum* und dic *Karl-Jauslin-Sammlung* eingerichtet (geöffnet am ersten So im Monat 10–12 und 14–17 Uhr, Juli und Aug. geschlossen).

Besuchenswert ist der **Wartenberg** (479 m), östlich von Muttenz, mit den Ruinen von drei Burgen auf der Höhe. Zufahrt von der St.-Arbogast-Kirche über die Breite Straße, dann am Waldrand rechts ab und bergauf über das Restaurant Römerburg zu einem Bauernhof und von dort auf den Berg; Fußweg vom Oberdorf.

Bei Auffahrt von der Ostseite stößt man zuerst auf die Ruine der *Hinteren Burg*. Die *Mittlere Burg,* weiter südwestlich im Wald auf dem Bergrücken, besteht aus einem stattlichen Wohnturm des 13. Jhs., von dem man eine prachtvolle Aussicht genießt. 100 m südlich trifft man auf die *Vordere Burg* mit Schildmauer und Rundturm. Die Bauzeit der Burgen ist unbekannt. Im 11. Jh. gehörte die Vordere Burg dem Bischof von Straßburg. Nach mehrfachem Besitzwechsel kamen die Burgen 1518 durch Kauf an Basel. Ab dem 18. Jh. unbewohnt, verfielen sie allmählich.

Pratteln. – Östlich an Muttenz schließt Pratteln an (Tram 14). Nach Durchqueren ausgedehnter Industriezonen findet man ein überraschend hübsches Dorf vor, mit spätgotischer *Kirche* und einem malerischen *Schloß,* das vor oder nach dem Erdbeben von 1356 errichtet wurde und nach zwei Bränden im 14. und 15. Jh. wieder aufgebaut worden ist. 1963 unterzog es die Gemeinde einer Totalrenovierung; die Räume werden heute als Gemeinderatszimmer sowie als Zimmer für Trauungen verwendet.

Gellert · Birsfelden · Auhafen · Schweizerhalle

Gellert heißt das Quartier südöstlich vom St.-Alban-Tor (→ S. 79). Der Name kommt von "Göllhart" = gelichteter Hard (Wald), der im Mittelalter vor den Stadtbefestigungen gerodet wurde, um dem Feind die Deckung zu nehmen. Bis ins 19. Jh. lagen hier Obst- und Weingärten, in denen sich dann die Wohlhabenden ihre herrschaftlichen Villen im Stil des Klassizismus, italienischer Renaissance oder in französischem Barock bauen ließen. Obgleich mit modernen

Bauten durchsetzt, ist der Gellert noch immer eine gute Wohngegend und lohnt auch einen Abstecher. Am **Christoph-Merian-Park** erinnert seit 1872 das *St.-Jakobs-Denkmal* an die schwere Schlacht von 1444 mit der Inschrift: "Unsere Seelen Gott, unsere Leiber den Feinden". Zu Füßen der Siegesgöttin am Sockel vier Kriegerfiguren. Das nahe *Sommercasino* (1823, nach Plänen von Johann Georg von der Mühll) ist ein gefälliger klassizistischer Bau, der einst ein gesellschaftlicher Treffpunkt war und heute ein Jugendhaus ist. Im Park eine Büste des Wohltäters Christoph Merian (1800–58) und zwei weitere moderne Plastiken. In dem dunklen Hochhaus unweit entfernt hat die Chemiefirma Alusuisse/Lonza ihren Verwaltungssitz. Am Südostrand des Viertels liegen das militärische *Zeughaus* und im angrenzenden Eisenbahnbereich eine *Umladestation* für Container. Das *Bethesda-Spital* (1939) an der Gellertstraße ist eine von Diakonissen geführte Akutklinik für 125 Patienten. Im Osten und Norden des Gellert fließt der *St.-Alban-Teich* (→ S. 81), den man stückweise auf einer Promenade begleiten kann. Die kanalisierte Birs bildet nördlich des St.-Jakob-Stadions (→ S. 106) die östliche Stadtgrenze. An ihrer Mündung in den Rhein wurden eine Grünanlage und eine elegant an einem Pfeiler aufgehängte Brücke geschaffen. Das *Flußbad* etwas rheinabwärts hat man zu einer Zeit eingerichtet, als das Rheinwasser noch sauberer war.

Birsfelden am Ostufer der Birs ist stark mit neuen Wohnblocks durchsetzt. Eine Besichtigung wert ist das **Rheinkraftwerk,** das als beispielhafter moderner Industriebau gilt und 1950–54 im Rhein errichtet wurde.

Das Kraftwerk besteht aus einem 157 m langen Stauwehr mit fünf 27 m breiten Einzelwehren. In jeder Wehröffnung sind je zwei Rollhakenschützen mit einem Gewicht von 147 t und 80 t eingelassen. Im Maschinenhaus sind vier Kaplan-Turbinen von je 22 MW (Megawatt) installiert. Sie heißen nach ihrem Erfinder (1912), dem österreichischen Ingenieur Victor Kaplan (* 1876 in Mürzzuschlag, † 1934 in Unterach/Attersee). Durch einen senkrechten Schacht strömt das gestaute Wasser mit hoher Geschwindigkeit und treibt die schiffsschraubenähnlichen Turbinenräder mit ihrer senkrechten Achse. Diese Achswelle ist mit einem Drehstromgenerator gekoppelt. Daten einer Turbine: Schluckwassermenge 374 cbm pro Sekunde, Drehzahl 68,2 Umdrehungen pro Minute, Laufraddurchmesser 7,2 m. Die hier erzeugte Energie von 50 000 Volt Spannung wird zu zwei Unterwerken geleitet, dort auf 6000 Volt transformiert und erreicht nach erneutem Umspannen auf 220 Volt den Verbraucher. Auch an die Fische wurde gedacht: am Nordufer des Rheins ermöglicht ihnen eine 145 m lange Fischtreppe den Aufstieg stromaufwärts. Weiterhin gibt es eine Kahnrampe und einen Paddelboothafen zum Umsetzen. Die 1954 fertiggestellte Schiffsschleuse, die 180 m lang und 12 m breit ist, ermöglicht Schiffen bis zu 110 m Länge und 11,4 m Breite die Durchfahrt. Die Schleusung dauert 15 Minuten. Ein zweites Schleusenbecken von 190 m Länge ist 1979 fertiggestellt worden – Koppelverbände bis zu einer Maximallänge von 185 m können seither geschleust werden. Fußgänger und Zweiradfahrer können auf der Brücke am Kraftwerk den Rhein überqueren.

Nach Osten schließt der **Hafen Birsfelden** mit seinen Öltanks, Kränen und Kohlehalden an. Die bunkerbewehrte Rheinfelderstraße führt durch den südöstlich angrenzenden **Hardwald,** dessen Grundwasser die Hardwasser AG nutzt. Links zweigt eine Straße zum beliebten Restaurant Waldhaus ab, das auf dem Hochgestade über dem Rheinstrom liegt. Rheinaufwärts dehnen sich der *Auhafen* mit Bahngeleisen und dichtgedrängten Öltanks und das *Industriegebiet Schweizerhalle* aus. Hier besitzen die Basler Chemiefirmen Zweigwerke.

Die **Saline** am Ostrand von Schweizerhalle gehört den Vereinigten Schweizerischen Rheinsalinen (gegr. 1909), die noch eine weitere in Riburg betreiben. Die im deutschen Sprachgebrauch einst üblichen Bezeichnungen "Hall" oder "Halle" für Salzgewinnungsstätten gaben Schweizerhalle den Namen. Die hier vorkommenden Salzlager entdeckte der thüringische Bergrat Carl Christian Friedrich Glenck (1779–1845) 1836 in 107 m Tiefe und die dann eingerichtete Saline ist seit 1837 in Betrieb. Die Salzablagerungen sind durch ein vor 200 Millionen Jahren die Gegend überflutendes Meer in einer seichten Bucht entstanden, die vom Ozean durch eine Barre getrennt war. In einer solchen Lagune überwog die Verdunstung die Zuflüsse des Wassers, das dadurch immer salzreicher wurde, bis dieses Salz ausfiel und sich am Grund ablagerte. Durch spätere Verwerfungen der Erdkruste wurden die Salzlager jedoch unregelmäßig verschoben und sind schwer zu orten. Hier in Schweizerhalle und unter den südlich gelegenen Jurahöhen liegen die Salzschichten in 140–400 m Tiefe. Ausgebeutet werden sie im Laugenverfahren, indem eine Bohrung bis zur Lagerstätte getrieben wird. Das eingeleitete Süßwasser löst das Salz allmählich um die Bohrstelle und wird als mit etwa 300 g Salz pro Liter gesättigte Sole wieder an die Oberfläche gepumpt. Dort wird sie verdampft, wobei das Salz in Form kubischer Kristalle ausfällt. Verwendet wird es in Industrie, Gewerbe und in der Landwirtschaft sowie als Speisesalz, Streusalz und als Heilmittel. Der nahe Gasthof Solbad besaß einst eine eigene Soleleitung zu seinen Bädern. Fünf der alten, jetzt außer Dienst gestellten hölzernen Solepumphäuser stehen noch etwas östlich der Saline.

Augst · Kaiseraugst

Der Baselbieter Ort **Augst,** etwa 2 km weiter östlich, liegt beiderseits der Ergolz und am Violenbach, an der Grenze zum Kanton Aargau. Mit dem benachbarten **Kaiseraugst** ist der Ort durch die gemeinsame römische Vergangenheit verbunden, liegen doch beide Gemeinden zu großen Teilen über der einstigen **Römerstadt Augusta Raurica;** das heutige Kaiseraugst ist direkt aus dem spätrömischen Kastell hervorgangen, das im 4. Jh. n. Chr. die offene Stadt als Siedlungsstelle abgelöst

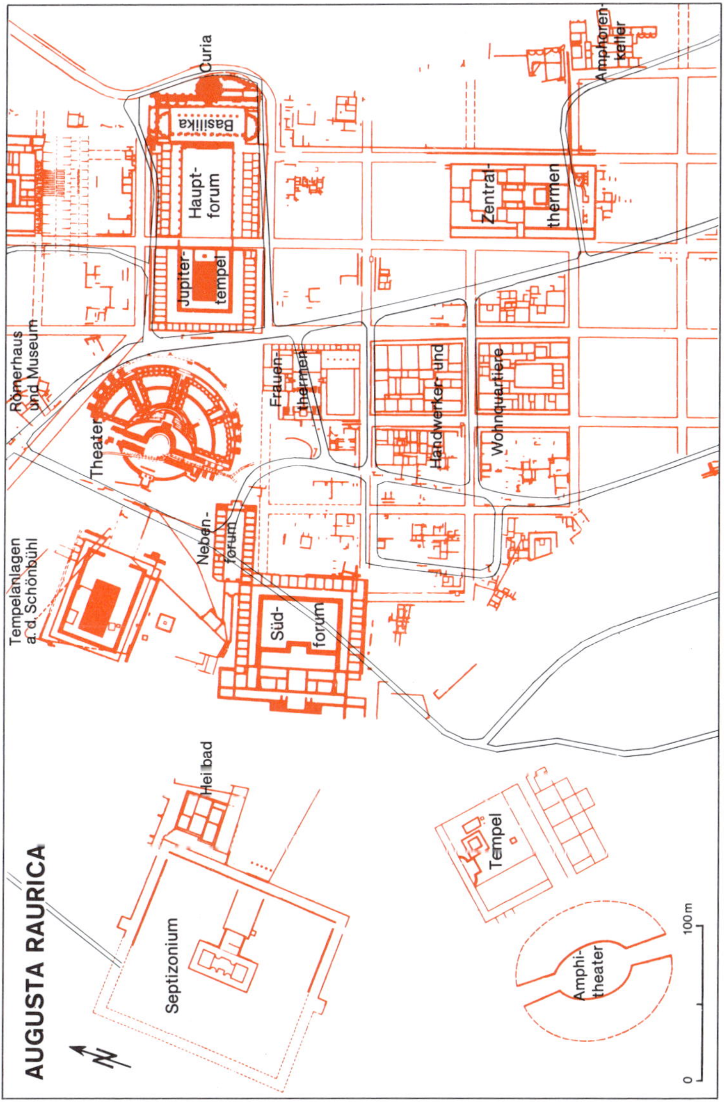
AUGUSTA RAURICA
Curia
Basilika
Haupt-
forum
Jupiter-
tempel
Römerhaus
und Museum
Theater
Frauen-
thermen
Handwerker- und
Wohnquartiere
Zentral-
thermen
Amphoren-
keller
Tempelanlagen
a.d. Schönbühl
Neben-
forum
Süd-
forum
Heilbad
Septizonium
Tempel
Amphi-
theater
0
100 m

hat. Die römische Stadt, eine offiziell 44 v. Chr. gegründete Koloniestadt, archäologisch nachweisbar jedoch erst seit ca. 15–10 v. Chr., erreichte im frühen 3. Jh. n. Chr. ihre größte Ausdehnung: Auf einer Fläche von über 100 ha lebten 15–20 000 Einwohner.

Der höher gelegene Teil (*Oberstadt*) war in Insulae, rechteckige Straßenblocks, eingeteilt. Hier fanden sich auch die großen öffentlichen Bauwerke wie Forum, Badeanlagen, diverse Tempel, das Theater und weitere Marktplätze. Die *Unterstadt*, heute auf Kaiseraugster Gebiet, war ebenfalls durch ein rechtwinkliges Straßennetz erschlossen; hier konzentrierten sich Handels- und Gewerbebetriebe mit dem Rheinhafen. Gegen 250 n. Chr. ist die Stadt von einem Erdbeben schwer in Mitleidenschaft gezogen worden. Kurze Zeit später wurde sie außerdem wieder zur gefährdeten Grenzstadt, als sich das römische Reich auf die Rheingrenze zurückziehen mußte; um 275 sind umfangreiche Zerstörungen bezeugt. Als Reaktion darauf wurde der Kastelen-Hügel mit einer Mauer umgeben (heute nicht sichtbar), später das große Kastell am Rheinufer errichtet.

Das **Römermuseum** (Öffnungszeiten → S. 17) bietet wechselnde thematische Einblicke in die Resultate archäologischer Ausgrabungen und Forschungen; in der Schatzkammer wird der 1961 entdeckte **Silberschatz von Kaiseraugst* präsentiert, der gegen 350 n. Chr. im spätrömischen Kastell versteckt worden ist.

Ans Museum angeschlossen ist das 1955 errichtete **Römerhaus** (renoviert und neu eingerichtet 2001), ein nach örtlichen und italischen Vorbildern gestaltetes Oberschicht-Wohnhaus mit Küche, Bankettsaal mit Triclinium (Speisesofa), Schlafzimmer, Bad, Innenhof mit Garten, Gewerberäumen (Metzgerei und Räucherei, Bronzegießerei, Eisenschmiede) und Taverne zur Straße hin.

Gegenüber liegt die Ruine des **Theaters,** die bis 2006 einer umfassenden Sanierung unterzogen wird (Besichtigung jederzeit möglich). Weiter ortsauswärts findet man sich im **Amphitheater,** in dessen Karzer eine Tonbildschau zu römischen Spielen geboten wird.

Zurück beim Römermuseum, gelangt man von dort aus etwas bergauf, dann links abbiegend zum **Forum,** dem antiken Stadtzentrum mit dem für den Staats- und Kaiserkult zentralen *Roma et Augusta-Tempel* (Fassade durch Holzkonstruktion angedeutet) und dem Sitzungssaal des Stadtrates, der vorzüglich erhaltenen *Curia.* In deren Untergeschoß findet sich eine Ausstellung zu Mosaiken und ein Modell der antiken Stadt. Der am Forum entlang verlaufende Weg hangabwärts führt – vorbei an den Resten einer großen Stadtvilla mit Hypokaust (Fußbodenheizung) – zu einer weiteren Freilichtstätte. Konserviert ist der Grundriß eines mittelgroßen *Badegebäudes*. Darunter, zugänglich über einen rund 12 m langen Tunnel, liegt ein unterirdisches Brunnenhaus mit Sodbrunnen, das, seit gut 1900 Jahren unversehrt, 1998 entdeckt worden ist. Zurück beim Theater, kann man der breiten Straße entlang über die einstmals vorhandenen Quartiere der Oberstadt wandern. Weiter ortsauswärts gelangt man zum **Haustierpark** außerhalb der Stadtmauer und des Osttores (beides konserviert und sichtbar), wo Nutztiere gezeigt werden, die in römischer Zeit gezüchtet wurden. Wieder innerhalb der Stadtmauer, kann man auf neuartige Weise sichtbar gemachte Stadtüberbauung erleben: Bauprofilstangen markieren Gebäudeecken und Dachlinien, Hecken die Hauswände und Kiesbeläge die römischen Straßenzüge.

Rechts des Violenbaches führt ein Weg Richtung **Kaiseraugst** (Dorf). Zur Rechten türmt sich eine moderne Wohnsiedlung, nächst der in einem Schutzhaus sehr gut erhaltene *Ziegelbrennöfen* aus dem 4. Jh. n. Chr. zu sehen sind. Am Weg nach Kaiseraugst findet sich an der Landstraße unter einem Schutzbau die *Ruine eines Gewerbehauses* mit vielfältigen originalen Inneneinrichtungen. Von dort aus wendet man sich gegen den Bahnhof SBB und gelangt in das Dorf, dessen Kern innerhalb des spätantiken Kastells Castrum Rauracense liegt. Auf einer Länge von rund 100 Metern ist die massive landseitige *Wehrmauer* auf eine Höhe von bis zu 4 ½ Metern erhalten. Am Rheinufer flußabwärts gelangt man zum Eingang in die *Rheinthermen*, einer großen Badeanlage des 3. Jh., die unter einer Betondecke zugänglich konserviert worden ist. Flußaufwärts erreicht man die Dorfkirche, die in der Spätantike Bischofskirche war. Benachbart finden sich die konservierten Ruinen eines frühchristlichen *Baptisteriums*.

Die kath. **St. Gallus-Kirche** geht in Teilen (Turm) auf einen Bau der Frühgotik zurück. Im 18. Jh. erfolgte eine Umgestaltung im Stil des Barocks, zu sehen an dem geschweiften Westgiebel und den Altären im Innern. Die Fresken im Chor (um 1460) erinnern an einen Bildteppich und zeigen in der unteren Reihe das Leben des Kirchenpatrons Gallus, darüber einen Marienzyklus.

Am nördlichen (deutschen) Rheinufer (Wyhlen/Herten) finden sich Reste eines Brückenkopfes; weitere römische Siedlungsreste lagen auf der durch den Kraftwerkbau unter Wasser gesetzten Insel Gwerd. Den Rhein kann man im Sommer mit einer Fähre von Kaiseraugst aus überqueren; eine andere Möglichkeit bietet sich mit einer Wanderung über das imposante, mehr als 200 m lange Wehr des **Kraftwerks Augst-Wyhlen,** das 1907–12 errichtet wurde (Personalausweis mitnehmen!).

4. Der rechtsrheinische Norden

Östlich der Wettsteinbrücke führt der Schaffhauserrheinweg am Kleinbasler Rheinufer flußaufwärts. Hier liegt das *Kinderspital* und gegenüber, am Großbasler Ufer, das St.-Alban-Tal. Übersetzen kann man mit der *St.-Alban-Fähre*. Hier ist der Chemiekonzern **Hoffmann-La Roche & Co. AG** ansässig. 1896 von Fritz Hoffmann-La Roche (1868–1920) begründet, entwickelte sich die heute kurz "Roche" genannte Gesellschaft zu einem bedeutenden Pharmahersteller. Als multinationaler Konzern umfaßt das Unternehmen etwa 60 selbständige Gesellschaften. Heute stellt Roche hauptsächlich Arzneimittel her (etwa die Hälfte der Verkäufe), sodann Vitamine und andere biologische Feinchemikalien (etwa ein Viertel) sowie Riechstoffe und Aromen, diagnostische Chemikalien, kosmetische Produkte und einige wenige spezielle Agrochemikalien. Die eigentliche chemische Fabrikation erfolgt heute zum größten Teil außerhalb der Stadt Basel; in der Stadt verblieben sind neben der Forschung vor allem Verwaltungsbauten und die pharmazeutische Fertigung.

Zwischen dem Roche-Areal und den östlicheren Rheinbrücken, der *Schwarzwaldbrücke* und der *Eisenbahnbrücke* (1959–62), liegt am Rheinufer der *Solitude-Park*. Dort wurde 1996 das **Museum Jean Tinguely** (Öffnungszeiten → S. 18) eröffnet, ein Geschenk der Firma Hoffmann-La Roche anläßlich ihres hundertjährigen Bestehens. Die Witwe des 1991 verstorbenen Künstlers, Niki de Saint Phalle, ermöglichte mit einer großzügigen Schenkung aus dem Nachlaß das Entstehen des Museums. Werkgruppen und Maschinenskulpturen Tinguelys kommen in dem modernen Bau des Tessiner Architekten Mario Botta spannungsvoll zur Geltung.

Östlich der Unterführung führt die Grenzacherstraße als Platanenallee zwischen Sportplätzen und dem Rhein (Blick vom Ufergestade auf das Flußkraftwerk Birsfelden) zum Zollübergang Grenzacher Horn. Der 50 ha große **Friedhof am Hörnli** wurde 1927–32 terrassenförmig angelegt. In der damals herrschenden Wirtschaftskrise gab dies vielen Arbeit und Brot.

Hier liegen u. a. *Karl Barth,* 1886–1968, protestantischer Theologe (Abt. 8 Sektion III Nr. 14); *Jacob Burckhardt,* 1818–97, Kulturhistoriker (Ehrenhof); *Fritz Haber,* 1868–1934, deutscher Chemiker, 1918 Nobelpreis "für die Synthese von Amoniak aus seinen Elementen Stickstoff und Wasserstoff", 1933 nach Basel emigriert (6a 66); *Ernst Emil Herzfeld,* 1879–1948, deutscher Archäologe, Erforscher der vorderasiatischen Ruinenstädte, Begründer der iranischen Archäologie, (4 II 71); *Andreas Heusler,* 1865–1940, Schweizer Germanist (3 II 140); *Karl Jaspers,* 1883 in Oldenburg i.O.–1969, deutscher Philosoph, neben Heidegger Begründer der deutschen Existenzphilosophie (4 II 95); *Cécile Ines Loos,* 1883–1959, schweizerische Erzählerin (6f 707); *Paul Müller-Rueggsegger,* 1899–1959, Schweizer Chemiker, 1948 Nobelpreis für Medizin "für die Entdeckung der starken Wirkung von DDT als Kontaktgift gegen mehrere Arthropoden" (1 IX 278); *Walter Muschg,* 1898–1965, Schweizer Literaturhistoriker (1 XII 403); *Alfred Pellegrini* 1881–1958, Schweizer Maler, schuf in Basel die Wandbilder am Stadtcasino und an der St. Jakobskirche (5 I 3); *Wilhelm Speyer,* 1872–1952, deutscher Schriftsteller ("Der Kampf der Tertia"), dieses Grab ist aufgehoben; *Emanuel Stickelberger,* 1884–1962, Schweizer Verfasser historischer Romane (11 A X); *Jacob Wackernagel* 1853–1938, Schweizer Sprachgelehrter, führender Indogermanist (3 I 59).

Die **Messe Basel** im Zentrum von Kleinbasel wurde 1916 gegründet und 1917 erstmals durchgeführt. Sie hat Basel zu einer bedeutenden Messestadt gemacht. Jedoch bereits 1471 hatte die Stadt Basel auf dem Reichstag zu Regensburg von Kaiser Friedrich III. das recht erhalten, alljährlich zwei Jahrmärkte ("Mess") zwei Wochen vor Pfingsten und 14 Tage vor Martini abzuhalten. Unter den Ausstellungshallen (insgesamt 204 000 m²) Fläche) sind zu erwähnen: der Rundhofbau (1954) am Messeplatz und der Rosentalneubau (1965) Ecke Messeplatz/Riehenring; am Riehenring das Kongreßzentrum mit dem Hotel "Swissôtel Basel".

Unter den regelmäßig stattfindenden Messen sind wichtig: *Art,* internationale Kunstmesse für die Kunst des 20. Jhs. – *Basler Herbstwarenmesse,* die seit 1927 abgehaltene Verkaufsmesse mit vielen Besuchern aus Stadt und Region. – *Weltmesse für Uhren und Schmuck.* – *Ineltec,* internationale Fachmesse und Fachtagung für medizinische Elektronik und Bioengineering. – *CULTURA*, Kunst- und Antiquitätenmesse. – *Schweizer Mustermesse* (seit 1917), wichtigste internationale Frühjahrsmesse. – *Swissbau*, Schweizer Baufachmesse mit internationaler Beteiligung, u. a.

In der *Rosentalanlage* neben der Riehenstraße steht noch eine runde klassizistische *Kapelle,* von Melchior Berri 1832 errichtet. Das **Haus zur Sandgrube,** Riehenstr. 154, ließ sich 1745–46 der Bandfabrikant und Oberzunftmeister Achilles Leissler durch Johann Jacob Fechter und Steinmetz Daniel Büchel als Sommersitz bauen. Den offenen Hof, der von der Straße durch kunstvoll geschmiedete Gitter abgetrennt ist, begrenzen rechts und links niedere Pavillons, in denen einst die Stallungen und Remisen lagen. Der in anmutigen Rokokoformen gehaltene Hauptbau der Sandgrube besitzt einen leicht vorgewölbten Mittelteil aus rotem Wiesentäler Sandstein. 1804 ging das Anwesen an die Familie Merian. 1951 und 1958 wurden die *Sandgrubenschulen I und II* auf der Ostseite des großen Areals errichtet, das seinen Namen vom hier früher betriebenen Sandabbau erhielt. 1957–59 wurde der Rokokobau grundlegend restauriert, von Anbauten des 19. Jhs. befreit und für das *Kantonale Lehrerseminar* (gegr. 1925) eingerichtet. Die ebenfalls im Stil des Rokoko gehaltenen Innenräume wurden liebevoll restauriert. Ins Auge fallen die Bilder über den Türen, zum Teil mit Liebespaaren. Einen Blick wert ist das *Storchenzimmer,* dessen Chinatapeten kunstvoll mit Vögeln bemalt sind; außerdem steht dort ein prächtiger weißer Kachelofen. Einen weiteren Ofen mit blau bemalten Kacheln sieht man in der Bibliothek. Im Garten sind noch ein *Rundtempelchen* und die *Orangerie* erhalten, die jetzt einen Zeichensaal aufnimmt. Die *Schule für Gestaltung,* neben der Sandgrube etwas zurückliegend, weist im Hof eine hohe Plastik von Hans Arp (1886–1966) auf.

Den renovierten, graugelben **Badischen Bahnhof,** der von der Deutschen Bundesbahn betrieben wird, errichtete Karl Moser, der Erbauer von Paulus- und Antoniuskirche, 1912–13 im Jugendstil. Über dem Eingang allegorische Figuren von Oskar Kiefer, vor dem Bahnhof Brunnenplastiken "Rhein" und "Wiese" von Carl Burckhardt (1921). Nach Passieren des deutschen Zolls erreicht man die Bahnlinien nach Waldshut, ins Wiesental und durch das Rheintal, auf denen die internationalen Züge verkehren. Der erste Badische Bahnhof war 1859–62 in neobarocken Formen am Riehenring entstanden, wo heute die Hallen der Messe Basel stehen. 1931 wurde er abgerissen.

Die Riehenstraße unterquert den Badischen Bahnhof und führt als Äußere Baselstraße nach Riehen. Südlich von ihr liegt dicht hinter der Eisenbahn das 1926–28 erbaute private *Claraspital* mit 280 Betten, das von der Kongregation der Barmherzigen Schwestern vom Hl. Kreuz in Ingenbohl getragen wird. Nördlich der Straße dehnt sich die *Wohnhauskolonie Eglisee* aus, die 1930 nach dem Vorbild der Stuttgarter Weißenhofsiedlung angelegt wurde. Erfrischung bietet im Sommer das *Gartenbad Eglisee,* das im Winter zur Kunsteisbahn umfunktioniert wird.

Der **Tierpark Lange Erlen** (Öffnungszeiten → S. 19), nördlich der Riehenstraße, wurde 1871 gegründet und lag damals weiter westlich als heute im Uferwald der Wiese, die am Feldberg entspringt und nach 82 km auf Basler Gebiet in den Rhein mündet. Diesen Wald hatte man 1863–67 entsumpft und mit Promenadewegen versehen. Wegen dem Bau des Badischen Bahnhofes mußte man den Tierpark 1904 an die heutige Stelle verlegen. Der auf die Haltung einheimischer Tiere spezialisierte Tiergarten stellt eine wertvolle Ergänzung zum Basler Zolli (→ S. 95) dar.

In den Langen Erlen dominieren die Hirsche, die mit mehreren Rassen vertreten sind. Das Damwild, bei dem die Hirsche Schaufelgeweihe tragen, ist mit der schwarzen, weißen und wildfarbenen Art vertreten. Der in Europa heimische Rothirsch wird bis zu 300 kg schwer; ihre Geweihe werfen die Hirsche im Februar ab, Brunftzeit ist im Oktober. Weiterhin leben hier Dybowskihirsche aus Asien, bis zu 450 kg schwere Wapitihirsche aus Kanada und das japanische Sikawild, das am Hochrhein auch in Freiheit vorkommt. Die beiden Teiche sind von Zierenten, Gänsen und Schwänen bevölkert. Verschiedene Eulen, Bussarde, Turmfalken, Kraniche, Fasane, Papageien, exotische Kleinvögel gehören ebenfalls zum Tierbestand, ebenso Hängebauchschweine, Kapuzineraffen, Lamas, sardinische Zwergesel, schwarz-weiße Walliser Ziegen und Ponies.

Das gleichfalls am Uferwald der Wiese gelegene **Erlenpumpwerk** der städtischen Wasserversorgung wurde 1882 eröffnet. Es fördert das Grundwasser aus ca. 15 m tiefen Brunnen (maximal 120 000 cbm pro Tag) und pumpt es als Trinkwasser über eine Druckleitung in die Stadt. Dieses Grundwasser wird durch Versickerung von Wasser aus Wiese und Rhein (ab 1964) angereichert. Bis zu 120 000 cbm pro Tag läßt man im Erlenwald versickern. Die Humusschicht im Boden wirkt bei der geringen Infiltrationsgeschwindigkeit von 1–2 m pro Tag als Filter. Seit 1988 ist zudem eine Aktivkohlen-Filteranlage in Betrieb.

Die Kleinriehen-Promenade südlich der Riehenstraße verläuft als schöne Lindenallee über freies Feld zum *Landgut Kleinriehen* und dem dazugehörenden **Bäumlihof.** Das schöne Anwesen liegt wie eine Insel vergangener Zeit zwischen der allmählich näher gerückten Bebauung. Die beiden *Villen* erbaute Johann Jacob Stehlin d. J. gegen Ende des 19. Jhs. im Stil französischer Loireschlösser. Den 1735 angelegten Park formte der Schwetzinger Gartenarchitekt Johann Michael Zeyher 1802 um. Vom barocken Landgut blieb der um 1730 wohl vom Hemeling errichtete Gartensaal übrig. – Der *Spittelmatthof* nördlich der Riehenstraße mit Wohnhaus von 1765 und Bienenhaus gehört seit 1931 mit seinen Feldern zum Wassereinzugsgebiet.

Riehen ist eines der beiden zum Kanton Basel-Stadt gehörenden Dörfer und entwickelte sich zu einem beliebten Wohnvorort. An der Stelle der von Linden eingewachsenen evangelischen *Kirche* stand bereits in karolingischer Zeit ein Gotteshaus, dem nach dem Erdbeben von 1356 eine gotische Kirche folgte. Diese wurde 1695 nach Süden erweitert. Der Turm an der Nordseite zeigt die Zeit mit einer mechanischen und einer Sonnenuhr. Ein Sternenhimmel überzieht die hölzerne Decke über dem einzigen Schiff. Kunstvolle Epitaphien und ein gotisches Sakramentshaus zieren die Wände des Chores. Die gut geschreinerte Kanzel ist von 1546. Die *Alte Kanzlei* östlich der Kirche ist ein Bau des Biedermeier (Melchior Berri; 1835) und wird von örtlichen Vereinen genutzt.

Am Haus links der Kirche erinnert eine Tafel an **Leonhard Euler** (* 1707, † 1783 in St. Petersburg). Er verbrachte in Riehen seine Jugend, studierte zunächst Theologie und dann Mathematik. Johann Bernoulli war sein Lehrer. 1727 wurde er an die St. Petersburger Akademie berufen, wirkte dort ab 1730 als Professor der Physik und ab 1733 als Professor der höheren Mathematik. 1741 an die Berliner Akademie der Wissenschaften berufen, kehrte er 1766 nach St. Petersburg zurück, wo er trotz Erblindung seine wissenschaftliche Tätigkeit fortsetzte. Leonhard Euler wird zu den mathematischen Genies gerechnet. Wissenschaftlich arbeitete er auf allen Bereichen der reinen und angewandten Mathematik, der Physik und der Astronomie. Als erster entwickelte er eine analytische Methode, um mechanische Probleme zu lösen. Er stellte Gleichungen für die Flüssigkeitsströmung und für die Kreiselbewegung auf, führte den Begriff des Trägheitsmomentes und der freien Drehachse ein, arbeitete bereits mit der Vektorrechnung und vertrat eine Wellentheorie des Lichtes. Tätig war er weiterhin in der Theorie der Differentialgleichungen, der Gleichungen zur Zahlentheorie und Koordinatengeometrie, er ist der Schöpfer der Variationsrechnung.

In der Kirchstraße gefallen einige Häuser, so Nr. 1 aus dem 18. Jh. und Nr. 13 die alte *Landvogtei,* an der Ecke u. a. mit einem Wappen des Klosters Wettingen verziert, das hier seine Zehnteinkünfte gelagert hat. Nach 1522 wurde das Haus wiederholt Sitz des Basler Obervogtes. Nr. 20 der ehemalige *Meierhof* (wohl 12. Jh.) wurde 1975 als ev. Gemeindezentrum ausgebaut.

Die Wettsteinhäuser, Baselstr. 30–34 gegenüber der Kirche sind eine malerische, um einen Hof gezogene Gebäudegruppe, die 1968–71 renoviert wurde und seit 1972 dem ***Spielzeugmuseum** und dem **Dorf- und Rebbaumuseum** eine Heimat bietet (Öffnungszeiten → S. 18). Besitzer der Häuser war Johann Rudolf Wettstein (1594–1666; Tafel), der 1626–35 Landvogt in Riehen und 1645–66 Bürgermeister von Basel war. – Das **Spielzeugmuseum* ist ein Gemeinschaftswerk der Gemeinde Riehen und des Schweizerischen Museums für Volkskunde in Basel. Auf rund 500 qm wird eine bedeutende Sammlung von europäischem Spielzeug gezeigt: Spielzeug aus dem Sächsischen Erzgebirge, aus Thüringen und Oberbayern, hauptsächlich aus dem 19. Jh.; optisches Spielzeug und Spiel-Theater, primitives Spielzeug aus Holz, Ton und Textilien u. v. m.

Im *Dorfmuseum* wird der Riehener Alltag um die Jahrhundertwende dargestellt (Rekonstruktion eines Ladens und einer Küferwerkstatt; Dorfmodell). Für Riehen spezifische Themen wie die Grenze, Bauernhäuser und villenartige Landgüter sowie das von den Diakonissen geprägte Dorf werden sichtbar gemacht. Im tiefen *Rebkeller* wird schließlich die Bedeutung des Weinbaus in Riehen und der Region mit vielen Objekten aufgezeigt.

Mit der Eröffnung der **Fondation Beyeler** 1997 erhielt die Sammlung des Galeristen-Ehepaars Hildy und Ernst Beyeler ein öffentliches Museum (Öffnungszeiten → S. 16). Der vom renommierten Architekten Renzo Piano geschaffene Bau ist in einen englischen Landschaftsgarten eingebettet. Die Kunst des 20. Jhs. ist mit rund 180 Werken des Impressionismus (Monet, Cézanne, van Gogh), des Kubismus (Picasso, Braque), des Abstrakten Expressionismus (Rothko, Newman) und der amerikanischen Pop Art (Warhol, Lichtenstein) vertreten. Den Kunstwerken der klassischen Moderne stehen etwa 25 Objekte der Stammeskunst aus Afrika, Ozeanien und Alaska gegenüber.

Eines der hübschen Landhäuser in Riehen ist das an der Baselstr. 61–65, das *Landgut Iselin.* Im *Glöcklihof,* Äußere Baselstr. 1, soll der als Alchimist, Spiritist und Betrüger bekannt gewordene Alexander Graf von Cagliostro (eigentlich Giuseppe Balsamo, * 1743 in Palermo, † 1795 als Häftling auf der Festung San Leone bei Urbino) seine Anhänger versammelt haben. An der Weilstraße zwischen der Wiese und dem deutschen Zoll ein *Freibad.*

Im Südosten von Riehen an der bergan steigenden Bettinger Str. 127–129 liegt in einem schönen Park der Landsitz **Wenkenhof** von 1736, der im 19. Jh. im Empire-Stil erweitert und im 20. Jh. (ab 1918) durch das Ehepaar Alexander und Fanny Clavel um- und ausgebaut wurde (Architekt Henry B. de Fischer). Besonders bemerkenswert der *Park* im Stil Le Nôtres. Der Wenkenhof ist an die Alexander-Clavel-Stiftung übergegangen mit der Auflage, Haus und Park unverändert zu erhalten und für kulturelle Anlässe zu nützen. Die Reithalle, heute im Besitz der Gemeinde Riehen, wurde ebenfalls durch Alexander Clavel errichtet. Der von Hirschfiguren flankierten Einfahrt des Wenkenhofes gegenüber wurde ein *Aussichtsplateau* mit bronzenem Pferdedenkmal geschaffen.

Bettingen. – Weiter bergauf erreicht man Bettingen, das zweite zum Kanton Basel-Stadt gehörige Dorf, mit Schwimmbad, einigen alten Bauernhäusern und einem *Landvogteihaus* aus dem 17. Jh., jetzt Restaurant "Basler Hof". Am Waldrand bergauf endet die Straße nach ca. 2 km bei **St. Chrischona,** schon frühchristliche Wallfahrtskirche, ursprünglich St. Christina (Bus 39). Die gotische Kirche auf dem Dinkelberg wurde im 15. Jh. erbaut und war nach der Reformation Pfarrkirche für Bettingen. Nach Verwahrlosung im 18. Jh. richtete die Pilgermission 1840 die Kirche wie-

der her; 1974–76 wurde sie restauriert. Prachtvoll ist die Aussicht vom Kirchhof (526 m) auf die Jurahöhen. Schlicht ist der Innenraum der Kirche: ein Schiff mit flacher Holzdecke sowie ein Chor mit gotischem Netzgewölbe und Sakramentshaus. Den Turm, der ein 38 cbm fassendes Wasserreservoir für die umliegenden Häuser aufnimmt, kann man auch besteigen (Aussicht aus der Turmstube). Wanderwege führen von der Kirche in 20 Minuten nach Bettingen und in 45 Minuten nach Riehen zurück. Die umliegenden Gebäude gehören einem *Prediger- und Missionsseminar* der Pilgermission (117 Studenten, 60–80 Bibelschülerinnen). Auf St. Chrischona steht seit 1984 auch das höchste Gebäude der Schweiz. Die *PTT-Mehrzweckanlage für Radio, Fernsehen und Telefonie* versorgt die Kantone Basel-Stadt und Basel-Landschaft und Teile der badischen Nachbarschaft, d. h. etwa 440 000 Einwohner, mit drei Schweizerischen Fernseh- und drei nationalen Radio-Programmen. Sie ist zudem Anspeisestation für 24 Fernseh- und UKW-Umsetzer, die sich in den Kantonen Basel-Landschaft, Aargau, Solothurn und Bern befinden. Ferner sind in der Anlage mit dem 250 m hohen Turm wichtige Richtstrahlverbindungen untergebracht sowie ein Wasserreservoir der Industriellen Werke Basel (→ S. 94). Auf ein Turmrestaurant wurde trotz prächtiger Sicht auf die Umgebung verzichtet – St. Chrischona ist ein wichtiges Naherholungsgebiet Basels.

Der Norden von Kleinbasel

Der Nordteil von Kleinbasel ist ein gemütliches Vorstadtquartier ohne ausgeprägte Besonderheiten. Erhalten sind vielfach, vor allem in den Straßen am Rhein, die kleinen Wohnhäuser des 19. Jhs. Wer den Baustil des Historismus schätzt, wie er gegen Ende des 19. Jhs. dominierte, für den ist Kleinbasel eine Fundgrube. Herausragende Bauten dieser Epoche sind das spätklassische *Wettsteinschulhaus* (Architekt Heinrich Reese; 1880–82) am Claragraben, die reformierte *Matthäuskirche* (Felix Henry aus Breslau baute sie 1896 als erste Kirche auf Staatskosten), die durch den hohen Turm auffällt, an der Feldbergstraße, und das dahinterliegende *Bläsi-Schulhaus* (1892). An der Klybeckstraße steht die neubarocke kath. Pfarrkirche *St. Joseph* (August Hardegger; 1901), deren Inneres Glasfenster mit Abbildungen der 12 Apostel und Wandbilder der Jahrhundertwende zieren.

Das Areal nördlich der *Dreirosenbrücke* wird vom Werk Klybeck der **Ciba** beherrscht, der dritten und größten Basler Chemiefirma, die 1970 durch Zusammenschluß der Firmen CIBA Aktiengesellschaft und J. R. Geigy AG entstand. Ausgangsbasis für die chemische Industrie in Basel war die Erfindung von Teerfarbstoffen um die Mitte des 19. Jhs. Die CIBA Aktiengesellschaft entwickelte sich aus einer kleinen Seidenfärberei. Mehr als ein Jahrhundert früher beginnt die Geschichte der Geigy als Handelshaus.

Heute beschäftigt Ciba rd. 84 000 Menschen in zahlreichen Gesellschaften auf der ganzen Erde. In Kleinbasel gehört außerdem das Werk Rosental, westlich des Badischen Bahnhofs, zum gleichen Konzern, der in den Sparten Farbstoffe, Pharmazeutika, Agrarchemie, Kunststoffe und Additive, Photochemie sowie Haushalts- und Gartenprodukte tätig ist. 1996 kam es zu einer spektakulären "Firmenehe" mit dem ebenfalls in Basel ansässigen Pharma- und Chemiekonzern Sandoz (→ S. 89). Die neuentstandene **Novartis AG** wird mit einem erwarteten Umsatz von 26 Mrd. Fr. und etwa 130 000 Mitarbeitern weltweit die Nummer zwei im Pharmabereich.

Der *Hafen Klybeck* westlich der Güterbahn wurde 1924–26 erbaut, hat eine Quailänge von 900 m und ist auf das Löschen von Chemikalien und Öl eingerichtet. Nördlich reicht er bis zur Wiese, die am Feldberg entspringt und hier nach 82 km Lauf in den Rhein mündet.

Kleinhüningen. – Vom einstigen Dorf Kleinhüningen sind etwas versteckt an der Dorfstraße noch ein paar alte Häuser und die Kirche mit einer Zwiebelhaube auf dem Turm erhalten. Ansonsten ist das Dorf den Hafenanlagen, den Straßen und den Industriebauten zum Opfer gefallen.

Die **Rheinschiffahrt** lief Basel bereits im Mittelalter an. Doch Bedeutung erlangte sie erst im 19. Jh. mit Aufkommen der Dampfschiffahrt. Als erstes Dampfschiff traf die "Stadt Frankfurt" 1832 in Basel ein. Die *Mannheimer Akte,* 1868 von den Anliegerstaaten Baden, Bayern, Frankreich, den Niederlanden und Preußen unterzeichnet, sicherte den ungehinderten, von Abgaben freien Verkehr auf dem Rhein. Der erste Schleppkahn traf 1904 in Basel ein und seine Fracht mußte über behelfsmäßige Ladeanlagen gelöscht werden. Heute wird der Schiffsverkehr auf dem Rhein durch die in Straßburg ansässige, international zusammengesetzte *Rheinzentralkommission* geregelt. Derzeit werden auf dem Strom Motorschiffe für Personen und Güter, darunter besondere Tankschiffe, eingesetzt. Anstelle der Schleppkähne traten inzwischen starke *Schubschiffe* mit mehreren die Fracht tragenden Leichtern. Die Fahrt zwischen Basel (245 m) und dem auf Meereshöhe gelegenen, 832 km entfernten Rotterdam dauert für Motorschiffe und Schubverbände zu Berg etwa eine Woche und zu Tal 3–4 Tage. Den Schiffen wird ihre Fahrt durch den 1929–70 zwischen Basel und Straßburg angelegten Rheinseitenkanal erleichtert, den Frankreich gemäß dem Vertrag von Versailles zur Energiegewinnung für Wasserkraft-

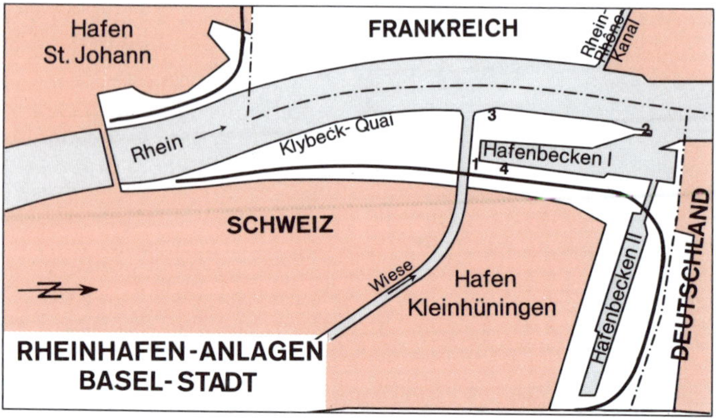

werke hatte bauen dürfen. Durch diesen Kanal umgehen die Rheinschiffe u. a. die einst gefährlichen Stromschnellen von Istein. Eine erste *Rheinregulierung* hatte der badische Bauingenieur Johann Gottfried Tulla (* 1770 in Karlsruhe, † 1828 in Paris) bereits ab 1817 durchgeführt, doch ließen diese für die Schiffahrt günstigen Maßnahmen das Grundwasser sinken. – Die Schweiz besitzt heute eine beachtliche *Rheinflotte* (1995: 165 Schiffe) und 22,6 Prozent der in Basel einlaufenden Schiffe (1995: 5877 Schiffe) stehen unter Schweizer Flagge. Was den Güterumschlag anbelangt, so liegt Basel mit 8,2 Millionen Tonnen Jahresumschlag (1995) unter den Rheinhäfen hinter Duisburg, Straßburg, Karlsruhe, Ludwigshafen und Mannheim an sechster Stelle. Der Struktur der Schweizer Wirtschaft entsprechend dominiert im Basler Hafen die Einfuhr von Rohstoffen über die Ausfuhr von hochwertigen Fertigwaren.

Der **Rheinhafen Kleinhüningen** umfaßt zwei Becken. Das *Hafenbecken I,* 1919–26 parallel zum Rhein angelegt, ist 740 m lang, 60–100 m breit und 3–5 m tief. Das quer dazu 1936–42 gebaute *Hafenbecken II,* 695 m lang, 60 m breit, 2,70 m tief, ist durch einen Kanal zu erreichen. Lohnend ist der Besuch der *Schiffahrts-Ausstellung "Unser Weg zum Meer"* an der Hochberger Straße, die viel Wissenswertes über den Hafen und die Rheinschiffahrt mitteilt (Öffnungszeiten → S. 17).

Zu Beginn des Rundgangs wird die Bedeutung des Rheins als Importweg für die Schweizer Wirtschaft deutlich gemacht: gegen 20 Prozent der Importe kommen über den Rhein. Von den eingeführten Rohstoffen sind mengenmäßig im Hafen am wichtigsten: flüssige Treib- und Brennstoffe mit etwa 50 Prozent der Einfuhr, Getreide, Metalle, Sand und Kies, Eisenschrott, Aluminiumoxyd, Kohle, Holz, Zellulose. – Eine große Weltkarte zeigt die Herkunftsländer verschiedener Güter und die Verladehäfen. Weiterhin sieht man das Bauschema eines Getreidesilos im Hafen, der 15000 Tonnen faßt, und die Herkunft der wichtigsten Rohstoffe. Bilder und Erklärungen erläutern die Rheinschiffahrt. Gezeigt wird das Leben an Bord und die Ausbildung zum Rheinschiffer. Als Schiffsjungen treten die 15jährigen ein, nach dreijähriger Lehrzeit an der Schiffahrtsschule Basel und an Bord werden sie zum Matrosen ernannt. Eine Karte des Rheins zeigt die Tagesetappen auf der Reise zum 935 km entfernten Seehafen Antwerpen. – Die Reihe der minutiös gebauten Schiffsmodelle beginnt mit den historischen Raddampfern, unter ihnen der erste Rheindampfer der Schweiz, 1919 in Breslau gebaut, und reicht bis zu den leistungsfähigen aber weniger romantischen Fahrzeugen von heute. Die schweizerische Seeschiffahrt wurde 1941 mit dem Dampfer "Calanda" begründet. Ein großes Modell des Rheinhafens Kleinhüningen gibt die Wirklichkeit in allen Details wieder und Modelle alter Rheinschiffe machen den Gütertransport früherer Zeiten lebendig.

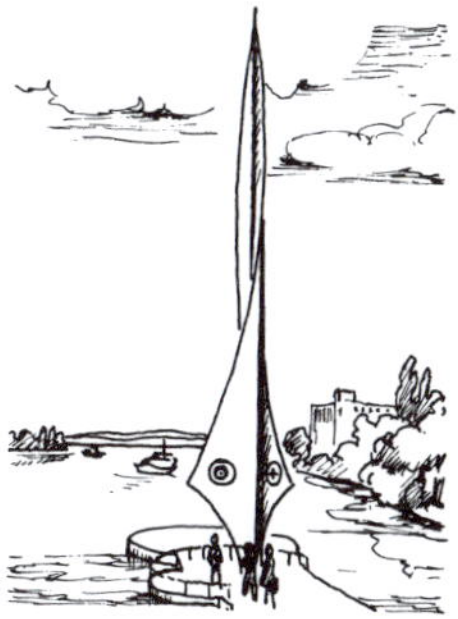

Auf der Westquaiseite gelangt man zum **Dreiländereck** (Restaurant) zwischen dem Rhein und dem *Hafenbecken I.* Der sehr elegante *Metallpylon,* der je nach Phantasie an ein Projektil oder an eine aufblühende Knospe erinnert, soll den Schnittpunkt von schweizer, deutscher und französischer Grenze markieren. Der eigentliche Grenzpunkt liegt aber 200 m flußabwärts in der Mitte des Rheins. – Eine gute Aussicht über den ganzen Hafen bietet die 55 m hohe *Aussichtsplattform* des großen Silos, den man rechts von der Hafenstraße über einen die Eisenbahn querenden Fußgängersteg erreicht. – Das städtische Gaswerk an der Südseite des Kleinhüninger Hafens II wurde vor einigen Jahren stillgelegt, als die Schweiz auf Erdgas überging. Auf dem Gelände wurde die Basler Kläranlage gebaut.

REGISTER

Zusammengefaßt sind Häuser und Höfe sowie Museen

Baedeker
Allianz Reiseführer

Städte in aller Welt

Amsterdam
Athen
Bangkok
Barcelona
Berlin
Brüssel
Budapest
Dresden
Florenz
Frankfurt/M.
Hamburg
Hongkong
Istanbul
Köln
Kopenhagen
Lissabon
London
Madrid
Moskau
München
New York
Paris
Prag
Rom
San Francisco
St. Petersburg
Singapur
Stuttgart
Venedig
Weimar
Wien

Reiseländer · Großräume

Ägypten
Australien
Baltikum
Belgien
Brasilien
China
Dänemark
Deutschland
Dominikanische Republik
Finnland
Frankreich
Griechenland
Großbritannien
Indien
Irland
Israel
Italien
Japan
Jordanien
Kanada
Karibik
Kenia
Kuba
Luxemburg
Malaysia
Marokko
Mexiko
Namibia
Nepal
Neuseeland
Niederlande
Norwegen
Österreich
Polen
Portugal
Schweden
Schweiz
Skandinavien
Spanien
Sri Lanka
Südafrika
Syrien
Thailand
Tschechien
Tunesien
Türkei
Ungarn
USA
Vietnam

Regionen · Inseln · Flüsse

Algarve
Andalusien
Bali
Bodensee
Bretagne
Burgund
Chicago · Große Seen
Costa Blanca
Costa Brava
Elba
Elsaß · Vogesen
Florida
Franken
Franz. Atlantikküste
Fuerteventura
Gardasee
Gomera
Gran Canaria
Griechische Inseln
Harz
Hawaii
Ibiza · Formentera
Italien Norden
Ischia · Capri · Procida
Istrien · Dalmat. Küste
Italienische Riviera
Kalifornien
Kanada · Osten
Kanada · Westen
Kanalinseln
Korfu · Ionische Inseln
Korsika
Kreta
Kykladen
La Palma
Lanzarote
Loire
Lombardei · Mailand · Oberital. Seen
Madeira
Malediven
Mallorca · Menorca
Malta
Mecklenburg-Vorpommern
Oberbayern
Provence · Côte d'Azur
Rhodos
Rügen
Sachsen
Salzburger Land
Sardinien
Schleswig-Holstein
Schottland
Schwäbische Alb
Schwarzwald
Seychellen
Sizilien
Südengland
Südtirol
Sylt
Teneriffa
Tessin
Toskana
Türkische Küsten
Umbrien
USA · Nordosten
USA · Südstaaten
USA · Südwesten
Zypern

Kleine Städteführer Deutschland und Schweiz

Augsburg
Bamberg
Basel
Berlin
Bonn
Bremen
Freiburg
Hannover
Konstanz
Leipzig
Lübeck
Mainz
Nürnberg
Regensburg
Trier
Wiesbaden

Baedeker

Ihr Stadtführer

Programm